영어학원 가기전
초등영어공부
혼자하기 100일
1

초등학교 어학원 방과후영어전
완전기초영어 배우기 왕초보영어교재

정용재

한글영어

한글만 알면 혼자서 가능해요!

영어학원 가기전 이 책 한 권이면 영어읽기, 영어단어, 영어해석과
영어스펠링, 영어문법 완전 해결!
단어암기와 문장해석이 어렵다면, 먼저 영어읽기부터 시작하세요.

* f 발음, v 발음, r 발음 걱정 없는 영어책

한글로 영어발음을 표시했지만 영어의 발음을 걱정하지 마세요.
f, v, r 을 ㅍ, ㅂ, ㄹ 로 표시해서 p, b, l 의 ㅍ, ㅂ, ㄹ 과 구분토록 했습니다.

* 모든 영어문장 원어민 음성 제공

큐알코드 또는 한글영어 카페주소로 방문하면 다운로드 가능합니다.
http://cafe.naver.com/korchinese/17544

초등영어공부혼자하기

* 500년의 역사를 가진 한글로 배우는 외국어

세종대왕의 지시로 집현전에서 중국어, 일본어 한자 밑에 한글로 발음을 적은 외국어교재를
만들어서 조선시대 500년 동안 통역관들이 공부한 방법이 바로 한글로 배우는 외국어학습법으로,
관련 자료는 인터넷에서 쉽게 찾을 수 있습니다. 우리의 소중한 역사를 바로 알아서
자긍심을 가질 수 있길 바랍니다.

영어학원 가기전 초등영어공부혼자하기 100일 1
(초등학교 어학원 방과후영어전 완전기초영어 배우기 왕초보영어교재)

발행일 2018년 03월 31일
지은이 정용재
펴낸이 정용재
펴낸곳 ㈜한글영어
주소 경기도 안양시 동안구 벌말로 123, A동 1111호(평촌스마트베이)
전화 070-8711-3406
등록 제385-2016-000051호
홈페이지 http://한글영어.한국

디자인 루시드-i 02-2275-5756
인쇄 씨에이치피앤씨 (CH P&C) 02-2265-6116

ISBN 979-11-88935-03-1 (63740)

머리말

영어교육을 빈익빈 부익부의 대명사처럼 말합니다만 방법에 따라서는 그렇지 않을 수 있습니다. 본인의 영어교육의 목표를 정확히 세우고 공부방법을 달리하면 여러분이 원하는 목표를 달성하면서도, 큰 비용을 들이지 않을 수 있습니다.

1. 언어로써 영어를 잘하고 싶다면,

언어로써 영어를 공부하는 방법은 아주 간단합니다. 여러분이 좋아하는 영상물을 몇가지 선택해서 열심히 보거나 한글영어로 하면 됩니다. 이 때 최우선의 목표는 영어듣기를 완성하는 것입니다. 영어듣기 완성이란 이해가 아닌 듣고 따라 말할 수 있는 것을 말합니다. 말하기가 결코 아닙니다. 또한 영어문자교육을 절대로 해서도 안됩니다. 해야 할 것과 하지 말아야 할 것을 철저히 지킬 수 있어야만 듣고 말하는 영어를 할 수 있습니다. 그렇지 않고 무조건 열심히 한다면, 돈과 시간만 들이고 실패할 수 밖에 없습니다.

2. 학습으로써 영어를 잘하고 싶다면,

학습으로써 영어를 공부하는 방법도 아주 간단합니다. 우선 알파벳을 배운 다음에 발음기호를 확실하게 배웁니다. 절대로 파닉스가 아닙니다. 한국처럼 영어환경이 아닌 경우에는 스스로 단어를 읽을 수 있도록 발음기호를 가르치고 배워야 합니다. 파닉스교육은 미국처럼 영어 환경에서나 가능한 방법입니다. 발음기호를 배우게 되면 영어단어를 읽고 쓰는데 어려움은 없습니다. 그 이후에 중요한 것은 많은 어휘의 암기입니다. 그리고 짧은 영어문장부터 긴 문장까지 스스로 해석해보는 훈련을 하는 것입니다.

본 교재는 학습으로써 영어를 배우는 용도로 만들어졌습니다. 영어를 처음배우는 학생들이 혼자서도 읽고, 쓰고, 단어를 외우고, 문장을 해석하는 훈련을 할 수 있도록 만들었습니다. 이 책으로 기본을 쌓은 후, 어휘와 독해능력을 키우기 바랍니다.

차 례

초등영어공부혼자하기 공부방법

1. 영어읽기 : 영어문장과 한글발음을 보고 읽는 방법 연습

좌측의 영어문장과 한글발음을 보고 읽는 연습을 합니다.
그 후 제공되는 원어민 음성을 들으면서 최대한 모방한다는 마음으로 따라 읽습니다.

1 What is the **reason** you study English?

왓 이즈 더 <u>뤼</u>즌 유 스떠디 잉글리쉬?

1) 우리에게 익숙하지 않은 f , r , v 발음은 <u>프, 르, ㅂ</u> 으로 표기함으로써, p, b, l 의 ㅍ,
ㅂ, ㄹ과 구분토록 했습니다.
2) out of 를 [아우러브] 로 표기한 것처럼 영어의 연음을 최대한 살렸습니다.
3) sky를 [스까이]로 표기한 것처럼 최대한 실제 사용하는 소리에 가깝도록 했습니다.

2. 영어읽기 : 영어문장을 보고 자기주도학습으로 읽어보기

우측의 영어문장을 보고 스스로 읽어 보는 연습을 합니다.

1 What is the **reason** you study English?

무엇 ~입니까?   이유   너   공부하다   영어

3. 영어의미, 문장해석 : 단어의 의미를 참고해서 해석후 단어 의미 암기하기

우측에 있는 영어문장 밑의 한글의미를 활용해서 문장해석을 합니다.
모르는 경우에는 부록에 있는 '한글해석'을 참조하도록 합니다.

1 What is the **reason** you study English?

무엇 ~입니까?   이유   너   공부하다   영어

4. 영어의미, 문장해석 : 영어문장속의 단어를 보고 의미를 말하기

좌측에 있는 영어문장을 보고 스스로 해석한 것을 적용해서 말하고 단어나 문장의 의미를 암기합니다.

1 <u>What</u> is the **reason** <u>you</u> study <u>English</u>?

왓 이즈 더 <u>뤼</u>즌 유 스떠디 잉글리쉬?

5. 단어암기 : 부록의 영어단어를 보고 한글의미 말하기

매일 정해진 분량을 학습후 부록에 있는 "영어단어"에 있는 영어단어를 복습하도록 합니다. 한글의미가 있는 부분을 가린 후 영어단어를 보고 얼마나 의미를 말할 수 있는지 해봅니다. 그리고 제공되는 원어민의 음성을 들으면서 따라 읽어봅니다.

번호	영어단어	한글의미	번호	영어단어	한글의미
	1 일차			**1 일차**	
1	what	무엇	1	what	
2	reason	이유	2	reason	
3	you	너	3	you	
4	study	공부하다	4	study	
5	English	영어	5	English	

6. 영어스펠링 : 영어발음을 읽으면서 영어스펠링 연습하기

1 <u>What</u> is the **reason** <u>you</u> study <u>English</u>?

왓 이즈 더 <u>뤼</u>즌 유 스떠디 잉글리쉬?

※반드시 영어단어를 소리내어 읽으면서 영어단어를 써보도록 합니다.

영어 발음기호 읽는 법

번호	발음기호	발음	번호	발음기호	발음
1	[a]	아	26	[k]	ㅋ
2	[e]	에	27	[g]	ㄱ
3	[æ]	애	28	[f]	ㅍ
4	[i]	이	29	[v]	ㅂ
5	[ɔ]	오	30	[θ]	ㅆ
6	[u]	우	31	[ð]	ㄷ
7	[ə]	어	32	[s]	ㅅ
8	[ʌ]	어	33	[z]	ㅈ
9	[a:]	아:	34	[ʃ]	쉬
10	[i:]	이:	35	[ʒ]	쥐
11	[ɔ:]	오:	36	[tʃ]	취
12	[u:]	우:	37	[dʒ]	쥐
13	[ə:]	어:	38	[h]	ㅎ
14	[ai]	아이	39	[r]	ㄹ
15	[ei]	에이	40	[m]	ㅁ
16	[au]	아우	41	[n]	ㄴ
17	[ɔi]	오이	42	[ŋ]	ㅇ
18	[ou]	오우	43	[l]	ㄹ
19	[iəɾ]	이어	44	[j]	이
20	[ɛəɾ]	에어	45	[w]	우
21	[uəɾ]	우어	46	[wa]	와
22	[p]	ㅍ	47	[wɔ]	워
23	[b]	ㅂ	48	[ju]	유
24	[t]	ㅌ	49	[dʒa]	좌
25	[d]	ㄷ	50	[tʃa]	촤

1. 발음기호 교육의 필요성

영어단어를 읽기 위한 방법에는 두가지가 있습니다.

1) 아는 사람에게 확인해서 읽을 수 있습니다.
2) 영어사전을 보고 스스로 읽을 수 있습니다.

1번이 되려면 조건이 필요합니다.
항상 물어볼 사람이 있어야 하고, 영어발음을 들어서 깨우칠 정도로 듣기훈련이 선행되어야 합니다.

1번을 하기 위한 조건이 안되는 대한민국의 영어교육 환경에서는 2번이 가능하도록 교육을 해야 합니다.

그것이 바로 영어 발음기호 교육입니다.

> 예제   1. night [nait] 나잍
>   2. train [trein] 트레인

파닉스는 영어단어를 어떻게 읽을지 추측하도록 도와주는 역할에 불과하기 때문에, 최소한 한번이라도 정확하게 발음기호로 영어단어를 읽어본 후 파닉스를 적용할 수 있도록 해야 합니다.

2. 발음기호 + 파닉스

발음기호와 함께 다음 7개의 파닉스만 알아두면 영어읽기와 쓰기에 도움이 됩니다

ee : 이, oo : 우, er : 어, ng : ㅇ,
sh : 쉬, th : ㄷ, ㅆ, ch : 취

> 예제   sing ㅅ ㅣ ㅇ ···› 싱
>   teacher ㅌ ㅣ 취 ㅓ ···› 티쳐

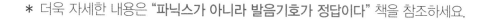

* 더욱 자세한 내용은 "파닉스가 아니라 발음기호가 정답이다" 책을 참조하세요.

영어 스펠링(철자) 암기하는 법

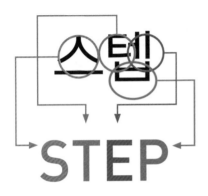

영어듣기는 훈련으로 완성이 되지만
영어읽기와 쓰기는 요령을 깨닫는 것으로 완성됩니다

영어스펠링 암기는 굳이 깜지를 쓰면서 외워야 할 것이
절대로 아닙니다.

철자를 암기하는 원리만 깨달으면 됩니다.

"영어소리에 맞는 알파벳을
순서대로 생각해서 쓴다"

예를 들어

영어단어를 읽거나 쓸 때는
아까 뭐라고 읽었지?
뭐라고 썼지가 아니라
바로 눈앞의 글자의 알파벳이
무슨 소리가 나는지 생각해서
조합해서 읽어야 하며,
바로 들은 영어소리의 알파벳을
하나씩 생각해서 순서대로
쓰려고 해야 합니다.

가르치는 사람도 학생에게
아까 뭐라고 읽었는지,
뭐라고 썼는지 생각하도록 해서는
아무런 도움이 안된다는 것을
알 필요가 있습니다.

선생님이 "스텝"을 쓰라고 한다면, 흔히 어렸을 때나 철자
쓰는 법을 모르는 경우에는 "조금 전에 뭐라고 썼지?"라
고 생각하면서 방금 공부한 내용을 떠올리려고 합니다.

그러나 이렇게 해서는 어떤 것도 떠오르지 않습니다.
대신에 "스텝"의 순서에 맞게 하나씩 알파벳을 떠올리면
됩니다.

> ㅅ에 s, ㅌ에 t, ㅔ에 e, ㅂ에 p … step

몰론 여기서 ㅂ을 틀릴 수 있지만 그것이 문제되지 않습
니다. 정답을 맞추고 써보면, 다음에 절대로 틀리지 않습
니다.

> 예제 "도라에몽"을 써보세요
> d o r a e m o n g … doraemon

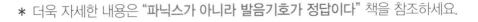

* 더욱 자세한 내용은 "파닉스가 아니라 발음기호가 정답이다" 책을 참조하세요.

초등영어공부혼자하기를 위한 문장 5형식

1. 학습 방법

1형식 문장 : S + V + (M) : S는 V한다.
2형식 문장 : S + V + C +(M) : S는 C이다.
3형식 문장 : S + V + O + (M) : S는 O를 V한다.
4형식 문장 : S + V + IO + DO + (M) : S는 IO에게 DO를 V한다.
5형식 문장 : S + V + O + OC +(M) : S는 O를 OC하게 V하다.
* M : 시간 장소 방법

* 나무를 보기 전 숲을 보는 문법

자동사, 타동사, 완전동사, 불완전동사등의 문법용어란 나무를 공부하기 전에,
1형식, 2형식, 3형식, 4형식, 5형식을 실제 문장에서 활용하는 숲을 먼저 공부합니다.

숲을 보는 안목을 키우는 문장 5형식의 공부법은 단순합니다.

1형식이 무엇인가? 질문을 받으면 이렇게 답할 수 있으면 됩니다.
"1형식은 에스 브이, 에는 브이한다."

2형식이 무엇인가? 질문을 받으면 이렇게 답할 수 있으면 됩니다.
"2형식은 에스 브이 씨, 에스는 씨이다."

3형식이 무엇인가? 질문을 받으면 이렇게 답할 수 있으면 됩니다.
"3형식은 에스 브이 오, 에스는 오를 브이한다."

4형식이 무엇인가? 질문을 받으면 이렇게 답할 수 있으면 됩니다.
"4형식은 에스 브이 아이오 디오, 에스는 아이에게 디오를 브이한다."

5형식이 무엇인가? 질문을 받으면 이렇게 답할 수 있으면 됩니다.
"5형식은 에스 브이 오 오씨, 에스는 오를 오씨하게 브이한다."

* 문장 5형식 실전 훈련 의미

1	그녀는 내가 그녀의 차를 사용하도록 허락했다.	2	종이 큰소리로 울리고 있다.
3	새들이 하늘에서 날고 있다.	4	그는 영어선생님이다.
5	우리는 그를 민수라고 불렀다.	6	나의 엄마는 나에게 케익을 만들어주셨다.
7	미나는 새 시계를 샀다.	8	그는 나에게 흥미로운 이야기를 말했다.
9	그녀는 매우 행복하다.	10	우리는 어제 그를 방문했다.

2. 실전 예제

1형식 <u>They</u> <u>are playing</u> <u>on the ground</u>.   그들은 운동장에서 놀고 있다.
그들   놀고 있다   운동장에서
S   V   M

2형식 <u>She</u> <u>is</u> <u>pretty</u> <u>like her mom</u>.   그녀는 그녀의 엄마처럼 예쁘다.
그녀 이다 예쁜   그녀의 엄마처럼
S   V   C   M

3형식 <u>Minsu</u> <u>likes</u> <u>basketball</u> <u>very much</u>.   민수는 농구를 매우 많이 좋아한다.
민수   좋아하다   농구   매우 많이
S   V   O   M

4형식 <u>He</u> <u>gave</u> <u>me</u> <u>a pencil</u> <u>yesterday</u>.   그는 어제 나에게 연필을 주었다
그   주었다 나   연필   어제
S   V   IO   DO   M

5형식 <u>We</u> <u>found</u> <u>the box</u> <u>empty</u>.   우리는 상자가 비어 있는 것을 발견했다.
우리 발견했다   상자   속 빈
S   V   O   OC

* 문장 5형식 실전 훈련

1	<u>She</u> <u>allowed</u> <u>me</u> <u>to use the car</u>. 그녀 허락했다 나 차를 사용하는 것 S V O OC	2	<u>The bell</u> <u>is ringing</u> <u>loudly</u> 종 울리고 있다 큰소리로 S V M
3	<u>Birds</u> <u>are flying</u> <u>in the sky</u>. 새들 날고 있다 하늘에서 S V M	4	<u>He</u> <u>is</u> <u>an English teacher</u>. 그 이다 영어선생님 S V C
5	<u>We</u> <u>called</u> <u>him</u> <u>Minsu</u>. 우리 불렀다 그 민수 S V O OC	6	<u>My mom</u> <u>made</u> <u>me</u> <u>a cake</u>. 나의 엄마 만들었다 나 케익 S V IO DO
7	<u>Mina</u> <u>bought</u> <u>a new watch</u>. 미나 샀다 새 시계 S V O	8	<u>He</u> <u>told</u> <u>me</u> <u>an interesting story</u>. 그 말했다 나 흥미로운 이야기 S V IO DO
9	<u>She</u> <u>is</u> <u>very happy</u>. 그녀 이다 매우 행복한 S V C	10	<u>We</u> <u>visited</u> <u>him</u> <u>yesterday</u>. 우리 방문했다 그 어제 S V O M

초등영어공부혼자하기

1일차~10일차

1일차 영어읽기

1 **What is the reason you study English?**

왓 이즈 더 <u>뤼</u>즌 유 스떠디 잉글리쉬?

2 **Cars are made out of various metals.**

카r즈 아r 메이드 아우러브 <u>베</u>뤼어스 메를즈.

3 **She licks her lips often with her tongue.**

쉬 릭스 허r 맆스 어-<u>픈</u> 위드 허r 텅.

4 **Water flows from a high place to a low place.**

워러r <u>플</u>로우즈 <u>프</u>럼 어 하이 플레이스 투 얼 로우 플레이스.

5 **Her hair is blown by strong wind.**

허r 헤어r 이즈 블로운 바이 스추롱 윈드.

6 **I am writing a reply to my friend's mail.**

아이 앰 <u>롸</u>이팅 어 <u>뤼</u>플라이 투 마이 <u>프</u>렌즈 메일.

7 **The boy was double the size of his sister.**

더 보이 워즈 더블 더 싸이즈 오<u>브</u> 히 씨스터r.

8 **She turned thirteen this year.**

쉬 턴드 떨틴 디스 이어r.

9 **We tried our best to make the game fair.**

위 추롸이드 아워r 베슷 투 메익 더 게임 <u>페</u>어r.

10 **They say puzzles help to develop the brain.**

데이 쎄이 퍼즐즈 헬프 투 디<u>벨</u>렆 더 브<u>뤠</u>인.

1 What is the **reason** you study English?

무엇 ~입니까?　　이유　　　너　공부하다　영어

2 Cars are made out of various **metals**.

차들　　　~로 만들어지다　　여러 가지　　금속들

3 She licks her **lips** often with her tongue.

그녀　핥다　그녀의 입술　자주　　그녀의 혀로

4 Water flows from a high place to a **low** place.

물　　흐르다　　높은 장소로부터　　　낮은 장소로

5 Her **hair** is blown by strong wind.

그녀의 머리카락　　날리다　　강한 바람에

6 I am writing a reply to my friend's **mail**.

나　쓰고 있다　　답장　　내 친구의 편지에

7 The boy was **double** the size of his sister.

소년　~이었다　두 배의　　크기　그의 누나의

8 She turned **thirteen** this year.

그녀　되었다　13살　　올해

9 We tried our best to make the game **fair**.

우리　최선을 다해 노력했다　~만들기 위해　경기　공정한

10 They say puzzles help to develop the **brain**.

그들　말하다　퍼즐　돕다　발달시키는 것　　두뇌

2일차 영어읽기

읽기 연습후 확인하기 →
← 의미 공부후 확인하기

1 He went to the **pool** to swim with his friend.

히 웬 투 더 풀 투 스윔 위드 히즈 프뤤드.

2 She replied '**okay**' to my request.

쉬 뤼플라이드 '오우케이' 투 마이 뤼쿠에스트.

3 The **moment** he left, the telephone rang.

더 모우멘트 히 레프트, 더 텔러포운 랭.

4 The general carries a long **sword** at his waist.

더 줴너뤌 캐뤼즈 얼 롱 소워r드 앳 히즈 웨이스트.

5 She **watched** the kids play.

쉬 와취트 더 키즈 플레이.

6 The students are inside the **classroom**.

더 스튜든츠 아r 인싸이드 더 클래스룸.

7 Get a checkup at the **hospital** when you're sick.

게러 췌껍 앳 더 하스삐를 웬 유어r 씩.

8 Watermelon is my **favorite** fruit.

워러r멜런 이즈 마이 페이버륏 프루트.

9 Adults go to the **company** in the morning.

어덜츠 고우 투 더 컴뻐니 인 더 모r닝.

10 She watched the movie "**Lady** and Gentleman."

쉬 와취트 더 무비 "레이리 앤 줴늘맨".

1 He went <u>to the **pool**</u> to swim <u>with his friend.</u>
   그   갔다   수영장에   수영하러   그의 친구와 함께

2 She replied '**okay**' <u>to my request.</u>
   그녀   대답했다   '좋아'   나의 요청에

3 <u>The **moment**</u> he left, the telephone rang.
        순간   그 떠났다   전화기   울렸다

4 <u>The general</u> carries <u>a long **sword**</u> at his waist.
      장군   가지고 다니다   긴 칼   그의 허리에

5 She **watched** <u>the kids</u> play.
   그녀   봤다   아이들   놀다

6 <u>The students</u> are <u>inside the **classroom**</u>.
    학생들은   ~있다   교실 안에

7 <u>Get a checkup</u> <u>at the **hospital**</u> when <u>you're sick.</u>
    검진을 받아라   병원에서   ~ 할 때   너가 아프다

8 Watermelon is <u>my **favorite** fruit.</u>
     수박   ~이다   나의 제일 좋아하는 과일

9 Adults go <u>to the **company**</u> <u>in the morning.</u>
     성인들   간다   회사에   아침에

10 She watched the movie "<u>**Lady** and Gentleman.</u>"
    그녀   봤다   영화   "숙녀와 신사"

3일차 영어읽기

1 I have **great** courage to save the child.

아이 해브 그뤠잇 커뤼쥐 투 쎄이브 더 촤일드.

2 I walked around the park **sometimes**.

아이 월트 어롸운 더 파r크 썸타임즈.

3 She wears her **coat** during cold winters.

쉬 웨어r즈 허r 코웃 주륑 코울드 윈터r즈.

4 I played **basketball** at the playground.

아이 플레이드 배스킷볼 앳 더 플레이그롸운드.

5 He **has** many toys.

히 해즈 메니 토이즈.

6 I rode the **horse** at a big park.

아이 로웃 더 호어r스 애러 빅 파r크.

7 The **trouble** is that we don't have money.

더 추뤄블 이즈 댓 위 도운(ㅌ) 해브 머니.

8 I used the **key** to open the lock.

아이 유슷 더 키 투 오우쁜 덜 락.

9 I tightly **tied** my shoelaces.

아이 타잇리 타이드 마이 슐레이시즈.

10 The artist's exhibition opens at a **gallery**.

디 아r티스츠 엑지비션 오우쁜즈 애 러 갤러뤼.

1 I have **great** courage to save the child.

나 가지다 큰 용기 구할 아이

2 I walked around the park **sometimes**.

나 걸었다 공원 주위를 때때로

3 She wears her **coat** during cold winters.

그녀 입다 그녀의 외투 추운 겨울 동안

4 I played **basketball** at the playground.

나 했다 농구 운동장에서

5 He **has** many toys.

그 가지다 많은 장난감

6 I rode the **horse** at a big park.

나 탔다 말 큰 공원에서

7 The **trouble** is that we don't have money.

문제 ~이다 우리 가지고 있지 않다 돈

8 I used the **key** to open the lock.

나 사용했다 열쇠 열기 위해 자물쇠

9 I tightly **tied** my shoelaces.

나 단단히 묶었다 나의 신발끈

10 The artist's exhibition opens at a **gallery**.

화가의 전시회 열린다 화랑에서

4일차 영어읽기

1   Stay there, don't **move**.

스떼이 데어r, 도운(트) 무브.

2   Today is a rainy and **windy** day.

투데이 이즈 어 <u>뤠</u>이니 앤 윈디 데이.

3   I **will** visit my friend tomorrow.

아이 윌 <u>비</u>짓 마이 <u>프</u>렌드 투모<u>로</u>우.

4   This puppy is **ugly** but still very cute.

디스 퍼피 이즈 어글리 벗 스틸 <u>베</u>뤼 큐웃.

5   Our **house** was built with red bricks.

아워r 하우스 워즈 빌트 위드 <u>뤠</u>드 브<u>뤽</u>스.

6   She worked at a **quiet** office.

쉬 워r크트 애 러 쿠와이엇 오<u>피</u>스.

7   I took a short rest **under** the tree.

아이 투 꺼 쇼r트 <u>뤠</u>스트 언더r 더 추<u>뤼</u>.

8   Her boyfriend **winked** at her.

허r 보이<u>프</u>뤤드 윙크트 앳 허r.

9   He **told** his parents about his dream.

히 토울드 히즈 패어<u>뤈</u>츠 어바웃 히즈 주<u>륌</u>.

10   Minsu received **information** about the test.

민수 <u>뤼</u>시브드 인포r메이션 어바웃 더 테스트.

1 <u>Stay there</u>, <u>don't **move**</u>.

거기에 머물러라　　움직이지 마라

2 Today is <u>a rainy and **windy** day</u>.

　오늘　~이다　　　비가 오고 바람이 부는 날

3 I <u>**will** visit</u> <u>my friend</u> tomorrow.

나　방문할 것이다　　나의 친구　　　　내일

4 <u>This puppy</u> is **ugly** but still <u>very cute</u>.

　이 강아지　　~이다 못생긴　그러나 그럼에도　매우 귀여운

5 <u>Our **house**</u> <u>was built</u> <u>with red bricks</u>.

　우리 집　　　　지어졌다　　　　빨간색 벽돌로

6 She worked <u>at a **quiet** office</u>.

　그녀　　일했다　　　　조용한 사무실에서

7 I took <u>a short rest</u> <u>**under** the tree</u>.

나　가졌다　　짧은 휴식　　　　나무 밑에서

8 <u>Her boyfriend</u> **winked** <u>at her</u>.

　그녀의 남자친구　　　윙크했다　그녀에게

9 He **told** <u>his parents</u> <u>about his dream</u>.

　그　말했다　그의 부모님　　　그의 꿈에 관하여

10 Minsu received **information** <u>about the test</u>.

　민수　　　받았다　　　　정보　　　　시험에 관한

5일차 영어읽기

1   The **mad** dog bit his leg.

더 매드 도그 빗 히즈 레그.

2   The **birds** in the forest are singing.

더 버r즈 인 더 <u>포</u>뤠스트 아r 씽잉.

3   My **skin** is red because of the sun.

마이 스낀 이즈 <u>뤠</u>드 비코우즈 어<u>브</u> 더 썬.

4   I **paid** money for two books.

아이 페이드 머니 <u>포</u>r 투 붘스.

5   It's **dangerous** to climb up a tree.

잇츠 데인저<u>뤄</u>스 투 클라임 어 뻐 추<u>뤼</u>.

6   I will **study** math harder.

아이 윌 스터디 매쓰 하r더r.

7   A **master** and a slave went to the market together.

어 매스터r 앤 더 슬래이<u>브</u> 웬 투 더 마r켓 투게더r.

8   The **wind** is blowing from the East.

더 윈드 이즈 블로윙 <u>프</u>럼 더 이스트.

9   The children and the **adults** are playing in the snow.

·더 췰주<u>뤈</u> 앤 더 어덜츠 아r 플레잉 인 더 스노우.

10   The **farmer** worked in the cornfield.

더 <u>파</u>r머r 워r크트 인 더 콘<u>피</u>-일드.

1 The **mad** dog bit his leg.
  미친 개   물었다   그의 다리

2 The **birds** in the forest are singing.
  새들   숲 속의   노래 부르고 있다

3 My **skin** is red because of the sun.
  내 피부   이다 빨간   ~ 때문에   태양

4 I **paid** money for two books.
  나 지불했다   돈   2권의 책에 대해

5 It's **dangerous** to climb up a tree.
  위험하다   올라가는 것   나무

6 I will **study** math harder .
  나   공부할 것이다   수학   더 열심히

7 A **master** and a slave went to the market together.
  주인 그리고 노예   갔다   시장에   함께

8 The **wind** is blowing from the East.
  바람   불고 있다   동쪽에서

9 The children and the **adults** are playing in the snow.
  아이들 과 어른들   놀고 있다   눈밭에서

10 The **farmer** worked in the cornfield.
  농부는   일했다   옥수수 밭에서

6일차 영어읽기

1 He is good at **leading** the team as a leader.

히 이즈 굿 앳 리딩 더 팀 애즈 어 리더r.

2 Suji had a hamburger for **lunch**.

수지 해러 햄버r거r 포r 런취.

3 The sky is **blue** and high in autumn.

더 스까이 이즈 블루 앤 하이 인 오텀.

4 Many **foreigners** visit Korea.

메니 포뤼너r스 비짓 코뤼아.

5 Which direction is **south?**

위치 디뤡션 이즈 사우쓰?

6 That foreigner likes **Koreans**.

댓 포뤼너r 라잌스 코뤼언즈.

7 **Who** took my eraser?

후 툭 마이 이뤠이서r?

8 **Today** is Jenny's tenth birthday.

투데이 이즈 줴니스 텐쓰 버r쓰데이.

9 We drew a picture on the **ground**.

위 주루 어 픽쳐r 온 더 그롸운드.

10 I wear **glasses** because I have bad eyesight.

아이 웨어r 글래시즈 비코우즈 아이 해브 배드 아이사이트.

| "프는 f", "브는 v", "르. *r 는 r" 발음을 생각하면서 읽으세요.

1 He is good at **leading** the team as a leader.
그　　~을 잘하다　　팀을 리드를 하는 것　　지도자로써

2 Suji had a hamburger for **lunch**.
수지　먹었다　　햄버거　　점심식사로

3 The sky is **blue** and high in autumn.
하늘　~이다　파란 그리고 높은　　가을에

4 Many **foreigners** visit Korea.
많은 외국인들　　방문하다　한국

5 Which direction is **south?**
어느 방향　　~입니까? 남쪽

6 That foreigner likes **Koreans**.
그 외국인　　좋아하다　한국사람들

7 **Who** took my eraser?
누가　가져갔어?　내 지우개

8 **Today** is Jenny's tenth birthday.
오늘　~이다　제니의　　10번째 생일

9 We drew a picture on the **ground**.
우리　그렸다　　그림　　땅바닥에

10 I wear **glasses** because I have bad eyesight.
나　쓰다　　안경　　왜냐하면　나　가지다　　나쁜 시력

7일차 영어읽기

1 There's a **yesterday**, a today, and a tomorrow.

데어r즈 어 예스터r데이, 어 투데이, 앤 더 투모로우.

2 I **packed** a towel and some water to drink.

아이 팩트 어 타월 앤 썸 워러r 투 주륑크.

3 A big accident **happened** nearby.

어 빅 액씨든트 해쁜드 니어r바이.

4 He gained the **glory** of winning.

히 게인드 더 글로뤼 어브 위닝.

5 She went to Jeju Island by **plane**.

쉬 웬 투 쮀주 아일랜드 바이 플레인.

6 We were in the same **class** in elementary school.

위 워r 인 더 쎄임 클래스 인 엘러멘터뤼 스쿨.

7 He is going up the **stairs** one at a time.

히 이즈 고인 업 더 스테r어즈 원 애 러 타임.

8 The kids are playing **outside**.

더 키즈 아r 플레잉 아웃싸이드.

9 There is a big bridge **over** the river.

데어r 이즈 어 빅 브륏쥐 오우삐r 더 뤼버r.

10 **What** are you planning to do tomorrow?

왓 아r 유 플래닝 투 두 투모로우?

| "프는 f", "브는 v", "르, *r 는 r" 발음을 생각하면서 읽으세요.

1 There's a **yesterday**, a today, and a tomorrow.
　~이 있다　　　　　어제　　　　　오늘　　　그리고　　　　내일

2 I **packed** a towel and some water to drink.
　나　챙겼다　　　　수건　　그리고　　약간의 물　　　　마실

3 A big accident **happened** nearby.
　　　큰 사고　　　　　　발생했다　　　근처에

4 He gained the **glory** of winning.
　그　　얻었다　　　　　　우승의 영광

5 She went to Jeju Island by **plane**.
　그녀　　갔다　　　　제주도에　　　비행기로

6 We were in the same **class** in elementary school.
우리　~있었다　　　　같은 반에　　　　　　초등학교에서

7 He is going up the **stairs** one at a time.
　그　　올라가고 있다　　　　　계단들　　　한 번에 하나씩

8 The kids are playing **outside**.
　　　아이들　　놀고 있다　　　　밖에서

9 There is a big bridge **over** the river.
　~가 있다　　　　큰 다리　　　　강 위로

10 **What** are you planning to do tomorrow?
　무엇　　　너는 ~ 할 계획이니?　　　　　내일

8일차 영어읽기

1 I love basketball a lot, **too**.

아일 러브 배스킷볼 얼랏, 투.

2 This place is as **safe** as my home.

디스 플레이스 이즈 애즈 세이프 애즈 마이 호움.

3 I had a **happy** time with the actress.

아이 해 더 해피 타임 윗 더 액추뤠쓰.

4 **Though** he is young, he is strong.

도우 히 이즈 영, 히 이즈 스추롱.

5 She received a **pretty** doll as a gift.

쉬 뤼씨브 더 프뤼티 돌 애즈 어 기프트.

6 I write **diaries** in my notebook every night.

아이 롸잇 다이어뤼즈 인 마이 노웃북 에브뤼 나잇.

7 We all sat at the **round** table.

위 올 샛 앳 더 롸운 테이블.

8 The sky becomes **gray** before it rains.

더 스까이 비컴즈 그뤠이 비포r 잇 뤠인즈.

9 She dyed her hair **brown**.

쉬 다이드 허r 헤어r 브롸운.

10 What is your favorite **sport?**

왓 이즈 유어r 페이보륏 스폴트

| "프는 f", "브는 v", "르, *r 는 r" 발음을 생각하면서 읽으세요.

1 I love basketball <u>a lot</u>, **too**.
　나 좋아하다　　농구　　　　많이,　역시

2 <u>This place</u> is <u>as **safe** as</u> <u>my home</u>.
　　　이 장소　　~이다　~만큼 안전한　　　나의 집

3 I had <u>a **happy** time</u> <u>with the actress</u>.
　나　보냈다　　행복한 시간　　　　여배우와 함께

4 **Though** <u>he is</u> young, <u>he is</u> strong.
　　~이지만　　그는 ~이다　어린　　그는 ~이다　강한

5 She received <u>a **pretty** doll</u> <u>as a gift</u>.
　　　그녀　　받았다　　귀여운 인형　　선물로

6 I write **diaries** <u>in my notebook</u> <u>every night</u>.
　나　쓰다　　일기　　　나의 공책에　　　매일 밤

7 We all sat <u>at the **round** table</u>.
　우리 모두 앉았다　　둥근 탁자에

8 <u>The sky</u> becomes **gray** <u>before it rains</u>.
　　하늘　　되다　　회색　　비오기 전에

9 She dyed <u>her hair</u> **brown**.
　그녀　염색했다 그녀의 머리카락　갈색

10 <u>What is</u> <u>your favorite **sport?**</u>
　무엇이니?　　너의 제일 좋아하는 운동

9일차 영어읽기

1 I sprinkled **pepper** over the rice cake soup.

아이 스프링클드 페퍼r 오우버r 더 롸이쓰 케잌 쑤웊.

2 Draw two **lines** on the blank page.

주롸- 투 라인쓰 온 더 블랭크 페이쥐.

3 I want to drive a **large** car.

아이 원투 주롸이브 어 라r쥐 카r.

4 Her **eyes** were filled with tears.

허r 아이즈 워r 필드 윗 티어r쓰.

5 The chef is wearing a long hat on his **head**.

더 쉐프 이즈 웨어링 얼 롱 햇 온 히즈 헤드.

6 My son is hiding **behind** me.

마이 썬 이즈 하이딩 비하인(드) 미

7 **China** has a broad land

촤이나 해저 브롸들 랜드.

8 Minji can **speak** English.

민쥐 캔 스삐익 잉글리쉬.

9 Gold is yellow and **silver** is gray.

고울드 이즈 이옐로우 앤 실버r 이즈 그뤠이.

10 One minus one is **zero**.

원 마이너쓰 원 이즈 지로우.

1 I sprinkled **pepper** over the rice cake soup.

나　　뿌렸다　　후추　　　　　　　떡국 위에

2 Draw two **lines** on the blank page.

그리다　　2개의 선　　　　　빈 페이지에

3 I want to drive a **large** car.

나 ~ 하고 싶다　운전하다　　　큰 차

4 Her **eyes** were filled with tears.

그녀의 눈　　　~로 가득했다　　　눈물

5 The chef is wearing a long hat on his **head**.

요리사　　　쓰고 있다　　긴 모자　　　그의 머리 위에

6 My son is hiding **behind** me.

나의 아들　　숨어 있다　　나의 뒤에

7 **China** has a broad land.

중국　가지다　　넓은 땅

8 Minji can **speak** English.

민지　　말할 수 있다　　　영어

9 Gold is yellow and **silver** is gray.

금 ~이다 노란색　그리고　은　~이다 회색

10 One minus one is **zero**.

1 빼기 1　　　~이다　　0

10일차 영어읽기

1 Don't **steal** other people's things.

도운(트) 스틸 아더r 피플쓰 띵쓰.

2 He was **angry** because of my mistake.

히 워즈 앵그뤼 비코우즈 어브 마이 미스떼잌.

3 A **rainbow** came out in the sky after it rained.

어 뤠인보우 케임 아웃 인 더 스까이 애프터r 잇 뤠인드.

4 He is so **stupid** that he can't solve an easy problem.

히 이즈 쏘우 스뚜삗 댓 히 캔-(트) 솔브 언 이지 프롸블럼.

5 She was wearing a **white** dress at the party.

쉬 워즈 웨어륑 어 와잇 주뤠쓰 앳 더 파r티.

6 I want to sing a **song** like a singer.

아이 원 투 씽 어 쏭 라이꺼 씽어r.

7 There are many planes at the **airport**.

데어r 아r 메니 플레인즈 앳 더 에어r포r트.

8 That actor is **handsome** and friendly.

댓 액터r 이즈 핸썸 앤 프뤤들리.

9 Don't **touch** my pencil case without my permission.

도운(트) 터취 마이 펜슬 케이쓰 위다웃 마이 퍼r미션.

10 He saw a big **bear** in the woods.

히 쏘- 어 빅 베어r 인 더 우즈.

1 Don't **steal** other people's things.

훔치지 마라　　　다른 사람의 물건

2 He was **angry** because of my mistake.

그 ~이었다　화난　　~ 때문에　　　나의 잘못

3 A **rainbow** came out in the sky after it rained.

무지개　　　떴다　　　하늘에　　　비가 온 후에

4 He is so **stupid** that he can't solve an easy problem.

그 ~이다　너무 바보라서　　그　　풀 수 없다　　　쉬운 문제

5 She was wearing a **white** dress at the party.

그녀　　입고 있었다　　　하얀 드레스　　　파티에서

6 I want to sing a **song** like a singer.

나 ~ 하고 싶다　　노래를 부르다　　　가수처럼

7 There are many planes at the **airport**.

~이 있다　　많은 비행기들　　　공항에

8 That actor is **handsome** and friendly.

그 배우　~이다　잘생긴　　그리고　친절한

9 Don't **touch** my pencil case without my permission.

만지지 마라　　　나의 필통　　~없이　　　나의 허락

10 He saw a big **bear** in the woods.

그　봤다　　큰 곰　　　숲 속에서

참 잘했습니다

본 영어학습에 대해서 궁금한 점이 있다면
네이버 카페 한글영어 공식카페로
질문해주시면 성심껏
답변을 드리도록 하겠습니다.

초등영어공부혼자하기

http://cafe.naver.com/korchinese/17544
원어민 음성 mp3도 다운 가능합니다

초등영어공부혼자하기

11일차~20일차

11일차 영어읽기

1 I **enjoy** fishing as a hobby.

아이 인조이 피슁 애저 하비.

2 I'll go with you **if** you go.

아일 고우 윗뜌 이퓨 고우.

3 I used a broom to clean up the **dust** in the room.

아이 유스 떠 브룸 투 클리넙 더 더스트 인 더 룸.

4 Soldiers receive **special** training.

솔저r쓰 뤼씨브 스뻬셜 추뤠이닝.

5 Nami **pushed** open the store's door.

나미 푸쉬드 오우쁜 더 스또어r쓰 도어r.

6 I can smell something good in the **pine** forest.

아이 캔 스멜 썸띵 굿 인 더 파인 포뤠스트.

7 **Bats** are hanging in the dark cave.

배-츠 아r 행잉 인 더 다r크 케이브.

8 I stuck the **note** on my refrigerator with a magnet.

아이 스떡 더 노웃 온 마이 뤼프뤼쥐뤠이터r 윗떠 매그넷.

9 I squeezed the toothpaste onto my **toothbrush**.

아이 스꾸위즈드 더 투쓰페이스트 온투 마이 투쓰브뤄쉬.

10 Lately, there are a lot of **tourists** on Jeju Island.

레잇리, 데어r 아r 얼라럽 투어뤼스츠 온 줴주 아일랜드.

| "프는 f", "브는 v", "르, *r 는 r" 발음을 생각하면서 읽으세요.

1 I **enjoy** fishing as a hobby.

나   낚시를 즐긴다   취미로

2 I will go with you **if** you go.

나 ~갈 것이다   너와 함께   만약 너가 간다면

3 I used a broom to clean up the **dust** in the room.

나 사용했다   빗자루   청소하기 위해   먼지   방 안에

4 Soldiers receive **special** training.

군인들   받는다   특별 훈련

5 Nami **pushed** open the store's door.

나미   밀어서 열었다   가게 문

6 I can smell something good in the **pine** forest.

나 냄새 맡을 수 있다   뭔가 좋은 것   소나무 숲 속에서

7 **Bats** are hanging in the dark cave.

박쥐들   매달려 있다   어두운 동굴 안에

8 I stuck the **note** on my refrigerator with a magnet.

나 붙였다   메모   내 냉장고 위에   자석으로

9 I squeezed the toothpaste onto my **toothbrush**.

나   짰다   치약   나의 칫솔 위에

10 Lately, there are a lot of **tourists** on Jeju Island.

최근에,   ~이 있다   많은   여행객들   제주도에

12일차 영어읽기

1 He enjoys listening more than **talking**.

히 인조이즈 리스닝 모어r 댄 토킹.

2 The **starfish** looks like a star in the sky.

더 스타r피쉬 룩쓰 라이꺼 스타r 인더 스까이.

3 I willingly **accepted** his offer.

아이 윌링리 액셉틴 히즈 오퍼r.

4 Close the **window** as the air outside is cold.

클로우즈 더 윈도우 애즈 디 에어r 아웃싸이드 이즈 코울드.

5 He is young. **However**, he is strong.

히 이즈 영. 하우에버r, 히 이즈 스추롱.

6 When swimming in the ocean, be careful of **sharks**.

웬 스위밍 인 디 오우션, 비 케어r플 어브 샤r크쓰.

7 The dog saved the owner from **danger**.

더 도그 쎄이브드 디 오우너r 프롬 데이저r.

8 10 times 10 is one **hundred**.

텐 타임즈 텐 이즈 원 헌주뤳.

9 I broke the window's **glass** with a soccer ball.

아이 브로욱 더 윈도우즈 글래쓰 윗떠 싸커r 볼.

10 Minsu is my best **friend**.

민수 이즈 마이 베스트 프뤤드.

| "프는 f", "브는 v", "르, *r 는 r" 발음을 생각하면서 읽으세요.

1 He enjoys listening more than **talking**.

그   듣는 것을 즐기다   ~ 보다 더   말하는 것

2 The **starfish** looks like a star in the sky.

불가사리   ~처럼 보이다   별   하늘에

3 I willingly **accepted** his offer.

나   기꺼이   수락했다   그의 제안

4 Close the **window** as the air outside is cold.

창문을 닫아라   ~때문에   밖의 공기   ~이다 추운

5 He is young. **However**, he is strong.

그 ~이다   젊은   하지만   그 ~이다   강한

6 When swimming in the ocean, be careful of **sharks**.

수영할 때   바다에서   ~를 조심해라   상어들

7 The dog saved the owner from **danger**.

개   구했다   주인   위험에서

8 10 times 10 is one **hundred**.

10 곱하기 10   ~이다   100

9 I broke the window's **glass** with a soccer ball.

나 깨뜨렸다   창문의 유리   축구공으로

10 Minsu is my best **friend**.

민수   ~이다   나의 제일 친한 친구

13일차 영어읽기

1 Tears **dropped** from her eyes.

티어r쓰 주롸트 프롬 허r 아이즈.

2 There is a **strong** wind blowing outside.

데어r 이즈 어 스추롱 윈(드) 블로윙 아웃싸이드.

3 Tomorrow we have history and **art** class.

투모로우 위 해브 히스토뤼 앤 아r트 클래쓰.

4 The rabbit and the turtle's **race** is a popular story.

더 뤠빗 앤 더 터r틀즈 뤠이쓰 이즈 어 파퓰러r 스토뤼.

5 I made the basket out of **bamboo**.

아이 메잇 더 배스낏 아우럽 뱀부.

6 He believes **God** created man.

히 블리브즈 갓 크뤠이팃 맨.

7 Time can be measured in seconds, **minutes**, and hours.

타임 캔 비 메저r드 인 세컨즈, 미닛츠, 앤 아우어r즈.

8 There was a new year's party in the **hall**.

데어r 워즈 어 뉴 이어r즈 파r티 인 더 홀.

9 We met ten years **ago** at a party.

위 멧 텐 이어r즈 어고우 애떠 파r티.

10 There is hardly any **sand** on this shore.

데어r 이즈 하r들리 에니 샌드 온 디(쓰) 쇼어r.

| "프는 f", "브는 v", "르, *r 는 r" 발음을 생각하면서 읽으세요.

1 Tears **dropped** from her eyes.
　눈물　　떨어졌다　　그녀의 눈에서

2 There is a **strong** wind blowing outside.
　～있다　　　강한 바람　　　불고 있는　　바깥에

3 Tomorrow we have history and **art** class.
　내일　　우리　가지다　역사　그리고　미술 수업

4 The rabbit and the turtle's **race** is a popular story.
　토끼　～와　　거북이의 경주　　～이다　인기있는 이야기

5 I made the basket out of **bamboo**.
　나　만들었다　　바구니　　대나무로

6 He believes **God** created man.
　그　　믿다　　신　　창조했다　인간

7 Time can be measured in seconds, **minutes**, and hours.
　시간　　측정될 수 있다　　　　초, 분, 그리고 시로

8 There was a new year's party in the **hall**.
　～가 있었다　　　신년 파티　　　홀에서

9 We met ten years **ago** at a party.
　우리　만났다　　10 년 전　　파티에서

10 There is hardly any **sand** on this shore.
　～ 거의 없다　　　모래　　　이 해변에

14일차 영어읽기

1 I played by myself on the **jungle gym**.

아이 플레이(드) 바이 마이셀프 온 더 쥉글 쥠.

2 She was too sick to **stand** straight.

쉬 워즈 투 씩 투 스땐드 스추뤠잇.

3 He has three **meals** a day.

히 해즈 쓰뤼 밀 저 데이.

4 A **lot** of people came to see the fireworks.

얼라럽 피플 케임 투 씨 더 파이어r워r크쓰.

5 She is **able** to lift the rock.

쉬 이즈 에이블 투 리프(트) 더 롹.

6 He's in the middle of reading a novel right **now**.

히즈 인 더 미들 어브 뤼딩 어 나-블 롸잇 나우.

7 We attend the same elementary **school**.

위 어텐(드) 더 쎄임 엘러멘추뤼 스쿨.

8 I am looking for a **wide** bed.

아이 앰 루킹 포r 어 와이(드) 베엣.

9 I'll wait **until** it stops raining.

아일 웨잇 언틸 잇 스땁쓰 뤠이닝.

10 He did his **homework** before watching TV.

히 디드 히즈 호움워r크 비포r 왓칭 티븨.

| "프는 f", "브는 v", "르, *r 는 r" 발음을 생각하면서 읽으세요.

1 I played <u>by myself</u> <u>on the</u> **jungle gym**.

나　　놀았다　　　혼자서　　　　　　정글짐에서

2 She was <u>too sick to</u> **stand** straight.

그녀　~이었다　~하기에 너무 아픈　　똑바로 서다

3 He has <u>three</u> **meals** <u>a day</u>.

그　　먹다　　　3번 식사　　　하루에

4 A **lot** of people came <u>to see</u> <u>the fireworks</u>.

　　　많은 사람들　　　　　왔다　　보기 위해　　　불꽃놀이

5 She is **able** to lift <u>the rock</u>.

　　그녀　　~할 수 있다　들어올리다　　바위

6 He's <u>in the middle of</u> <u>reading a novel</u> right **now**.

그는 ~있다　　　~ 의 중간에　　　　　소설책을 읽는 것　　　바로 지금

7 We attend <u>the same elementary</u> **school**.

우리　참석하다　　　　　　　같은 초등학교

8 I <u>am looking for</u> a **wide** bed.

나　　　~를 찾고 있다　　　넓은 침대

9 I <u>will wait</u> **until** <u>it stops raining</u>.

나 기다릴 것이다　　~까지　　　비가 그치다

10 He <u>did his</u> **homework** <u>before</u> <u>watching TV</u>.

그　　　그의 숙제를 했다　　　~전에　　　TV 보기

15일차 영어읽기

영어읽기

1 Let's **meet** at 3 o'clock in front of the library.

렛츠 밋 앳 쓰리 어클락 인 프론트 어브 더 라이브래뤼.

2 He loves both **beef** and pork.

히 러브즈 보우쓰 비프 앤 포r크.

3 I'm in the first line and you're in the **second** line.

아임 인 더 퍼r쓰틀 라인 앤 유어r 인 더 쎄컨드 라인.

4 He always drinks **milk** every morning.

히 올웨이즈 주륑쓰 밀크 에브뤼 모r닝.

5 We cross the road when the traffic light is **green**.

위 크로쓰 더 로우드 웬 더 추래픽 라잇 이즈 그륀.

6 Please **call** me again later.

플리즈 콜 미 어겐 레이러r.

7 My grandmother told me an old **tale**.

마이 그랜마더r 토울(드) 미 언 오울(드) 테일.

8 I am not **sure** about tomorrow's weather.

아이 앰 낫 슈어r 어바웃 투모로우즈 웨더r.

9 We made a **snowman** out of snow.

위 메이러 스노우맨 아우럽 스노우.

10 That **lawyer** knows a lot about the law.

댓 로이어r 노우즈 얼라러바웃 더 로-.

| "프는 f", "브는 v", "르, *r 는 r" 발음을 생각하면서 읽으세요.

1 Let's **meet** at 3 o'clock in front of the library.

~만나자 3시에 ~ 의 앞에서 도서관

2 He loves both **beef** and pork.

그 좋아하다 소고기와 돼지고기 둘 다

3 I'm in the first line and you're in the **second** line.

나는 있다 첫 번째 줄에 그리고 너는 있다 두 번째 줄에

4 He always drinks **milk** every morning.

그 항상 마신다 우유 매일 아침

5 We cross the road when the traffic light is **green**.

우리 건너다 도로 ~할 때 신호등 ~이다 녹색

6 Please **call** me again later.

전화 주세요 나 나중에 다시

7 My grandmother told me an old **tale**.

나의 할머니 말했다 나 옛날 이야기

8 I am not **sure** about tomorrow's weather.

나 확신하지 못하다 내일 날씨에 관하여

9 We made a **snowman** out of snow.

우리 만들었다 눈사람 눈으로

10 That **lawyer** knows a lot about the law.

그 변호사 알다 많이 법에 관하여

영어 읽기

1 People can't live without **air** even for a few minutes.

피쁠 캐앤(트) 리브 위다웃 에어r 이븐 포r 어 퓨 미닛츠.

2 My clothes are all different **sizes**.

마이 클로우즈 아r 올 디퍼뤈(트) 싸이지즈.

3 We carried the heavy box **together**.

위 케뤼(드) 더 헤비 박쓰 투게더r.

4 I want to **buy** a nice car.

아이 원투 바이 어 나이쓰 카r.

5 Minsu bought two books at the **bookstore**.

민수 밧 투 북쓰 앳 더 북스또어r.

6 He planted three **trees** in the garden.

히 플랜팃 쓰뤼 추뤼즈 인 더 가r든.

7 There are Mondays, Tuesdays and **Wednesdays**.

데어r 아r 먼데이즈, 튜즈데이즈, 앤 웬즈데이즈.

8 This year's summer **vacation** is long.

디쓰 이어r즈 썸머r 베이케이션 이즐 롱.

9 I can't measure the depth of a **deep** lake.

아이 캐앤(트) 메저r 더 뎁쓰 어버 딥 레이크.

10 She is wearing a **cap** because of the sunlight.

쉬 이즈 웨어륑 어 캡 비코우즈 어브 더 썬라잇.

1 People can't live without **air** even for a few minutes.

사람들　살 수 없다　공기 없이　심지어 몇 분동안 조차

2 My clothes are all different **sizes**.

내 옷들　~이다 모두　다른 사이즈

3 We carried the heavy box **together**.

우리　날랐다　무거운 상자　함께

4 I want to **buy** a nice car.

나 ~ 하고 싶다　사다　멋진 차

5 Minsu bought two books at the **bookstore**.

민수　샀다　2권의 책　서점에서

6 He planted three **trees** in the garden.

그　심었다　3그루의 나무　정원에

7 There are Mondays, Tuesdays and **Wednesdays**.

~ 이 있다　월요일　화요일　그리고　수요일

8 This year's summer **vacation** is long.

올해의　여름 방학은　~이다　긴

9 I can't measure the depth of a **deep** lake.

나　측정할 수 없다　깊이　깊은 호수의

10 She is wearing a **cap** because of the sunlight.

그녀　쓰고 있다　모자　~때문에　햇빛

1 He can introduce himself in **English**.

히 캔 인추로듀쓰 힘셀프 인 잉글리쉬.

2 That is a **big**, tasty and cheap watermelon.

댓 이즈 어 빅, 테이쓰티 앤 취잎 워러r멜런.

3 The **man** held the woman's hand.

더 맨 헬(드) 더 워먼즈 핸드.

4 He meets her **once** a month.

히 밋츠 허r 원쓰 어 먼쓰.

5 Don't **shout** in class.

도운(트) 샤웃 인 클래쓰.

6 **Angels** have white wings.

앤쥘쓰 해브 와잇 윙즈.

7 She put the food on the **table**.

쉬 풋 더 푸드 온 더 테이블.

8 I like **motorcycles** better than cars.

아이 라잌 모러r싸이클즈 베러r 댄 카r즈.

9 The dragonfly's **wings** are very thin.

더 주래근플라이즈 윙즈 아r 베뤼 띤.

10 He was **absent** at school for a week.

히 워즈 앱센트 앳 스쿨 포r 어 위크.

1 He <u>can introduce</u> himself <u>in **English**</u>.

그   소개할 있다   그 자신   영어로

2 That is <u>a **big**</u>, <u>tasty and cheap watermelon</u>.

그것 ~이다   크고   맛있고 그리고 싼 수박

3 <u>The **man**</u> held <u>the woman's hand</u>.

남자는   잡았다   여자의 손

4 He meets her **once** <u>a month</u>.

그   만나다   그녀   한 달에 한 번

5 <u>Don't **shout**</u> <u>in class</u>.

소리 지르지 마라   수업 중에

6 **Angels** have <u>white wings</u>.

천사들   가지다   하얀 날개

7 She put the food <u>on the **table**</u>.

그녀   두다   음식   식탁 위에

8 I like **motorcycles** <u>better than cars</u>.

나 좋아하다   오토바이   차보다 더

9 <u>The dragonfly's **wings**</u> are <u>very thin</u>.

잠자리의 날개   ~이다   매우 얇은

10 He was **absent** <u>at school</u> <u>for a week</u>.

그   ~였다   결석한   학교에   일주일 동안

18일차 영어읽기

1 People are sitting on the **benches** at the park.

피쁠 아r 씨링 온 더 벤취즈 앳 더 파r크.

2 He is the captain of this big **ship**.

히 이즈 더 캡튼 어브 디쓰 빅 쉽.

3 Don't **sleep** on the cold floor.

도운(트) 슬맆 온 더 코울드 플로어r.

4 He read the book in a **soft** voice.

히 뤧 더 북 이 너 소프트 보이쓰.

5 She covered her **mouth** when she laughed.

쉬 커버r드 허r 마우쓰 웬 쉬 라-프트.

6 The sun rose **above** the high mountain.

더 썬 로우즈 어보브 더 하이 마운튼.

7 **Do** what you really want to do.

두 와 츄 뤼을리 원 투 두.

8 **How** did you get that information?

하우 디쥬 겟 댓 인포r메이션?

9 She arrived home earlier than **usual**.

쉬 어롸이브드 호움 어r리어r 댄 유주을.

10 Please give me a glass of **cold** water.

플리즈 기입 미 어 글래쓰 어브 코울드 워러r.

| "프는 f", "브는 v", "르, *r 는 r" 발음을 생각하면서 읽으세요.

1 People are sitting on the **benches** at the park.

　　사람들　　　앉아 있다　　　　벤치 위에　　　　공원에서

2 He is the captain of this big **ship**.

　　그 ~이다　　　선장　　　이 큰 배의

3 Don't **sleep** on the cold floor.

　　　잠 자지마　　　차가운 마루바닥 위에서

4 He read the book in a **soft** voice.

　　그　　읽었다　　　책　　　부드러운 목소리로

5 She covered her **mouth** when she laughed.

　　그녀　　가렸다　　　그녀의 입　　　　그녀가 웃을 때

6 The sun rose **above** the high mountain.

　　　태양　　　떴다　　　　높은 산 위로

7 **Do** what you really want to do.

　　해라　　~것　　너　　정말　　하기 원하다

8 **How** did you get that information?

　　어떻게　　　너　　얻다　　　그 정보

9 She arrived home earlier than **usual**.

　　그녀　　도착했다　　집　　평소보다 더 일찍

10 Please give me a glass of **cold** water.

　　　저에게 주세요　　　　차가운 물 한 잔

19일차 영어읽기

1 She ate a **delicious** dinner.

쉬 에잇 어 들리쉬어쓰 디너r.

2 She had good **luck** on her math test.

쉬 해드 굿 럭 온 허r 매쓰 테스트.

3 He **hit** the tree with his car.

히 힛 더 추<u>뤼</u> 위드 히즈 카r.

4 I **struck** the baseball with the bat.

아이 스추<u>럭</u> 더 베이쓰볼 윗 더 뱃.

5 There are a lot of items in this **store**.

데어r 아r 얼라<u>럽</u> 아이럼쓰 인 디(쓰) 쓰또어r.

6 **Come** home by 5pm today.

컴 호움 바이 파이브 피엠 투데이.

7 The teacher wrote the name with **chalk**.

더 티처r <u>로</u>웃 더 네임 윗 초크.

8 A **pink** peach is a delicious fruit.

어 핑크 피-취 이즈 어 들리쉬어쓰 <u>프룻</u>.

9 A group of **frogs** are crying in the pond.

어 그<u>룹</u>어브 <u>프로그쓰</u> 아r 크<u>롸</u>잉 인 더 폰드.

10 The **yellow** banana is really tasty.

더 옐로우 버내나 이즈 <u>뤼</u>을리 테이스티.

| "<u>프</u>는 f", "<u>브</u>는 v", "<u>르</u>, *r 는 r" 발음을 생각하면서 읽으세요.

1 She ate a **delicious** dinner.

그녀　먹었다　　　　맛있는 저녁

2 She had good **luck** on her math test.

그녀　가졌다　　　행운　　　　그녀의 수학 시험에서

3 He **hit** the tree with his car.

그 부딪쳤다　　　나무　　그의 차로

4 I **struck** the baseball with the bat.

나　쳤다　　　　야구공　　　방망이로

5 There are a lot of items in this **store**.

~이 있다　　　많은 상품들　　　이 가게 안에

6 **Come** home by 5pm today.

집에 와라　　오후5 시까지　　오늘

7 The teacher wrote the name with **chalk**.

선생님　　　썼다　　　이름　　　분필로

8 A **pink** peach is a delicious fruit.

분홍색 복숭아　　~이다　　맛있는 과일

9 A group of **frogs** are crying in the pond.

개구리 떼　　　　울고 있다　　　연못에서

10 The **yellow** banana is really tasty.

노란색 바나나　　　~이다　　정말 맛있는

20일차 영어읽기

1 That thief has to go to **prison**.

댓 띠프 해즈 투 고우 투 프<u>뤼</u>즌.

2 I **put** the desk and the chair in the living room.

아이 풋 더 데스크 앤 더 췌어r 인 더 리<u>빙</u> 룸.

3 Don't forget your umbrella on a **rainy** day.

도운(트) 포r겟 유어r 엄브<u>뤨</u>라 오너 <u>뤠</u>이니 데이.

4 There is only one **leaf** left on the tree.

데어r 이즈 온리 원 리-<u>프</u> 레프트 온 더 추<u>뤼</u>.

5 We **sat** down at the table to have breakfast.

위 샛 다운 앳 더 테이블 투 해<u>브</u> 브<u>뤡</u>퍼스트.

6 He exercises **everyday** to stay healthy.

히 엑썰싸이지즈 에<u>브뤼</u>데이 투 스떼이 헬씨.

7 The **policeman** caught the thief yesterday.

더 펄리-쓰맨 콧- 더 <u>띠프</u> 예스터r데이.

8 She loves her **mom** and dad.

쉬 러<u>브</u>즈 허r 맘 앤 대-드.

9 I had beef for **dinner**.

아이 핻 비프 <u>포</u>r 디너r.

10 She **rose** from the chair to leave.

쉬 <u>로</u>우즈 프럼 더 췌어r 투 리-<u>브</u>.

| "<u>프</u>는 f", "<u>브</u>는 v", "<u>르</u>, *r 는 r" 발음을 생각하면서 읽으세요.

1 That thief has to go to **prison**.

그 도둑   가야만 한다   감옥에

2 I **put** the desk and the chair in the living room.

나 놓았다   책상과 의자   거실에

3 Don't forget your umbrella on a **rainy** day.

잊지마라   너의 우산   비오는 날에

4 There is only one **leaf** left on the tree.

~있다   오직 한 장의 나뭇잎   나무에 남은

5 We **sat** down at the table to have breakfast.

우리   앉았다   식탁에   아침식사를 먹기 위해

6 He exercises **everyday** to stay healthy.

그   운동하다   매일   건강을 유지하기 위해

7 The **policeman** caught the thief yesterday.

경찰관   잡았다   도둑   어제

8 She loves her **mom** and dad.

그녀   사랑하다   그녀의 엄마 그리고 아빠

9 I had beef for **dinner**.

나 먹었다 소고기   저녁식사로

10 She **rose** from the chair to leave.

그녀   일어났다   의자에서   떠나기 위해

참 잘했습니다

본 영어학습에 대해서 궁금한 점이 있다면
네이버 카페 한글영어 공식카페로
질문해주시면 성심껏
답변을 드리도록 하겠습니다.

http://cafe.naver.com/korchinese/17544
원어민 음성 mp3도 다운 가능합니다

초등영어공부혼자하기

21일차~30일차

21일차 영어읽기

1 The herd of **goats** are grazing on the grass in the field.

더 허r드 어브 고웃츠 아r 그뤠이징 온 더 그래쓰 인 더 필드.

2 Don't be excited anymore and stay **calm**.

도운(트) 비 익싸이틴 에니모어r 앤 스떼이 캄-.

3 My birthday is next **month**.

마이 버r쓰데이 이즈 넥스(트) 먼쓰.

4 I showed him **another** sample.

아이 쇼우드 힘 어나더r 샘플.

5 The princess ate a poisoned **apple**.

더 프륀쎄쓰 에잇 어 포이즌드 애-플.

6 She bought **meat** and vegetables at the store.

쉬 밧- 미-트 앤 베쥐터블즈 앳 더 스또어r.

7 The big rock **rolled** down the mountain.

더 빅- 롹 로울 다운 더 마운튼.

8 I eat a variety of **food** to stay healthy.

아이 잇 어 버롸이어티 업 푸-드 투 스떼이 헬씨.

9 He **tasted** the freshly baked bread.

히 테이스틴 더 프뤠쉴리 베익트 브뤠드.

10 **Colorful** flowers are blooming in the garden.

컬러r플 플라워r즈 아r 블루밍 인 더 가r든.

| "프 는 f", "브 는 v", "르, *r 는 r" 발음을 생각하면서 읽으세요.

1 The herd of **goats** are grazing on the grass in the field.

염소 떼 　　　　 뜯어 먹고 있다 　　　 풀위에서 　　　 들판에

2 Don't be excited anymore and stay **calm**.

흥분 하지마라 　　　 더 이상 　　 그리고 　　 진정해라

3 My birthday is next **month**.

나의 생일 　　 ~이다 　　 다음 달

4 I showed him **another** sample.

나 　 보여줬다 　 그 　　　 다른 샘플

5 The princess ate a poisoned **apple**.

공주 　　　 먹었다 　　 독이 든 사과

6 She bought **meat** and vegetables at the store.

그녀 　　 샀다 　　　　 고기 그리고 야채 　　　 가게에서

7 The big rock **rolled** down the mountain.

큰 바위가 　　　 아래로 굴렀다 　　　　　 산

8 I eat a variety of **food** to stay healthy.

나 먹다 　　 다양한 　　 음식 　　 건강 유지를 위해

9 He **tasted** the freshly baked bread.

그 　　 맛봤다 　　　　 새롭게 구운 빵

10 **Colorful** flowers are blooming in the garden.

다채로운 꽃들 　　　　　 피어 있다 　　　 정원에

22일차 영어읽기

1 The seven dwarfs live in a **little** house.

더 쎄븐 주워r프쓰 리브 이너 리를 하우쓰.

2 All the **actors** in the movie are famous.

올 디 애터s쓰 인 더 무비 아r 페이머쓰.

3 Lately, I'm **busy** because of my business.

레잇리, 아임 비지 비코우즈 어브 마이 비즈니스.

4 My **dream** is to travel into space.

마이 주륌 이즈 투 추래블 인투 쓰뻬이스.

5 Our team **lost** the soccer game.

아워r 팀- 로스트 더 싸커r 게임.

6 The two houses have **similar** shapes.

더 투 하우지즈 해브 시믈러r 쉐잎쓰.

7 The king and the queen live together in the **castle**.

더 킹 앤 더 쿠윈 리브 투게더r 인 더 캐슬.

8 The earthquake strongly **shook** the house.

더 어r쓰퀘윀 스추롱리 슉 더 하우쓰.

9 My **grandfather** is turning 90 years old this year.

마이 그랜파더r 이즈 터r닝 나이니 이어r즈 오울 디쓰 이어r.

10 From now on, feel **free** to ask any questions.

프럼 나우 온, 필 프뤼 투 애슥 에니 쿠에스쳔즈.

1 The seven dwarfs live in a **little** house.

   7명의 난쟁이들   살다   작은 집에

2 All the **actors** in the movie are famous.

   모든 배우들   영화 속의   ~이다   유명한

3 Lately, I'm **busy** because of my business.

   최근에, 나는~이다 바쁜   ~ 때문에   나의 사업

4 My **dream** is to travel into space.

   나의 꿈   ~이다 여행하는 것   우주로

5 Our team **lost** the soccer game.

   우리 팀   졌다   축구 시합

6 The two houses have **similar** shapes.

   2개의 집   가지다   비슷한 모양

7 The king and the queen live together in the **castle**.

   왕과 왕비   함께 살다   성 안에서

8 The earthquake strongly **shook** the house.

   지진   심하게   흔들었다   집

9 My **grandfather** is turning 90 years old this year.

   나의 할아버지   되신다   90세   올해

10 From now on, feel **free** to ask any questions.

   지금부터,   편하게 질문하세요   어떤 질문

1 My mom woke me up this **morning**.

마이 맘 웍 미 업 디쓰 모r닝.

2 The company has set up a new **office**.

더 컴뻐니 해즈 세럽 어 뉴 오피쓰.

3 The crow is a completely **black** bird.

더 크로우 이즈 어 컴플릿리 블랙 버r드.

4 A **singer** is someone who sings well.

어 싱어r 이즈 썸원 후 씽즈 웰.

5 I **checked** my suitcase before I left.

아이 췍트 마이 수웃케이쓰 비포r 아이 레프트.

6 The frogs all **jumped** over the water together.

더 프로그쓰 올 점(프)트 오우버r 더 워러r 투게더r.

7 We promised to meet each other again **later**.

위 프롸미쓰(드) 투 밋- 이춰 아더r 어겐 레이러r.

8 The speed of **cars** is very slow in a city.

더 스삐드 어브 카r즈 이즈 베뤼 슬로우 이너 씨티.

9 He went to the stadium to watch **football**.

히 웬투 더 스떼이디엄 투 왓취 풋볼.

10 A baseball **match** will be held in Busan this week.

어 베이쓰볼 맷취 윌 비 헬드 인 부산 디쓰 위크.

1 My mom woke me up this **morning**.

　　나의 엄마　　나를 깨웠다　　오늘 아침에

2 The company has set up a new **office**.

　　회사　　마련했다　　새로운 사무실

3 The crow is a completely **black** bird.

　　까마귀　~이다　　완전히 검은 새

4 A **singer** is someone who sings well.

　　가수　~이다　어떤 사람　　노래를 잘 부르는

5 I **checked** my suitcase before I left.

　나　확인했다　　내 여행 가방　　떠나기 전에

6 The frogs all **jumped** over the water together.

　　개구리들 모두　　점프했다　　물 위로　　함께

7 We promised to meet each other again **later**.

　우리　~ 하기로 약속했다　만나다　서로　　나중에 다시

8 The speed of **cars** is very slow in a city.

　　자동차의 속도　　~이다　매우 느린　도시에서

9 He went to the stadium to watch **football**.

　그　　경기장에 갔다　　축구를 보기 위해

10 A baseball **match** will be held in Busan this week.

　　야구 시합　　열릴 것이다　　부산에서　이번 주

24일차 영어읽기

1 We lit a **candle** because of the blackout.

위 리러 캔들 비코우즈 어브 더 블래까웃.

2 I'm setting up **plans** for vacation.

아임 세링업 플랜즈 포r 베이케이션.

3 In spring, the **climate** is always warm.

인 스쁘링, 더 클라이맷 이즈 올웨이즈 웜.

4 One **century** means one hundred years.

원 센추뤼 민즈 원 헌주뤤 이어r즈.

5 This **desert** is full of sand.

디쓰 데저r트 이즈 풀럽 샌드.

6 He called the kids with the **whistle**.

히 콜(드) 더 키즈 윗더 위슬.

7 The **shadow** of the tree is made by sunlight.

더 쉐도우 어브 더 추뤼 이즈 메잍 바이 썬라잇.

8 Factories have many **machines**.

팩추뤼즈 해브 메니 머쉰즈.

9 My parents are very **proud** of me.

마이 페런츠 아r 베뤼 프롸우덥 미.

10 The **sun** is shining in the sky.

더 썬 이(즈) 샤이닝 인 더 스까이.

| "프는 f", "브는 v", "르, *r 는 r" 발음을 생각하면서 읽으세요.

1 We lit a **candle** because of the blackout.
우리　초에 불을 붙였다　　~ 때문에　　　　정전

2 I'm setting up **plans** for vacation.
　나는 세우고 있다　　　방학을 위한 계획

3 In spring, the **climate** is always warm.
　봄에,　　　　기후　~이다　항상　따뜻한

4 One **century** means one hundred years.
　1 세기　　의미하다　　　100 년

5 This **desert** is full of sand.
　이 사막　　~로 가득하다　모래

6 He called the kids with the **whistle**.
그　　불렀다　　아이들　　호루라기로

7 The **shadow** of the tree is made by sunlight.
　나무의 그림자　　만들어졌다　햇빛에 의해서

8 Factories have many **machines**.
　공장들　가지다　많은 기계들

9 My parents are very **proud** of me.
나의 부모님　~를 매우 자랑스러워하다　나

10 The **sun** is shining in the sky.
　태양　빛나고 있다　하늘에

25일차 영어읽기

1 He uses a spoon and **chopsticks** well.

히 유지즈 어 스뿐 앤 챱스띡쓰 웰.

2 She counted the numbers by saying **one**, two, three.

쉬 카운틷 더 넘버r쓰 바이 쎄잉 원, 투, 쓰뤼.

3 The church **bell** rings on Sundays.

더 춰r취 벨 륑즈 온 썬데이즈.

4 You need a **passport** to travel abroad.

유 니더 패스포r(트) 투 추래블 어브로드.

5 The snack costs two **thousand** won.

더 스낵 코우스츠 투 따우전(드) 원.

6 He **really** wants to meet her.

히 뤼을리 원츠 투 밋 허r.

7 The wallpaper is made out of **simple** patterns.

더 월페이뻐r 이즈 메이드 아우럽 씸플 패-턴쓰.

8 Jenny is **also** absent today because she is sick.

�줴니 이즈 올쏘우 앱쓴 투데이 비코우즈 쉬 이(즈) 씩.

9 Humans are made of flesh and **bone**.

휴먼즈 아r 메이럽 플레쉬 앤 보운.

10 The children are **playing** with their toys.

더 췰주뤈 아r 플레잉 윗 데어r 토이쓰.

| "프는 f", "브는 v", "르, *r 는 r" 발음을 생각하면서 읽으세요.

1 He uses a spoon and **chopsticks** well.

그　사용하다　　　수저와 젓가락　　　잘

2 She counted the numbers by saying **one**, two, three.

그녀　셌다　　숫자들　말하면서　　하나, 둘, 셋

3 The church **bell** rings on Sundays.

교회 종　　울리다　일요일마다

4 You need a **passport** to travel abroad.

너　필요하다　　여권　　해외여행을 위해

5 The snack costs two **thousand** won.

과자는 비용이 들다　　2,000 원

6 He **really** wants to meet her.

그　정말로　만나기를 원하다　그녀

7 The wallpaper is made out of **simple** patterns.

벽지는　　~로 만들어지다　　간단한 패턴들

8 Jenny is **also** absent today because she is sick.

제니　~이다 또한　결석한　오늘　그녀가 아프기 때문에

9 Humans are made of flesh and **bone**.

인간들　~로 만들어졌다　살과 뼈

10 The children are **playing** with their toys.

아이들　놀고 있다　그들의 장난감을 가지고

26일차 영어읽기

1 **People** asked me a lot of questions.

피쁠 애슥(트) 미 얼라럽 쿠에스천쓰.

2 Turn the door **handle** to the right.

턴 더 도어r 핸들 투 더 롸잇.

3 Suji especially wore a long **skirt** for today.

수쥐 이스뻬셜리 워r 어롱 스꺼r트 포r 투데이.

4 Our family divided the **land** equally.

아워r 페믈리 디바이딧 더 랜드 이꾸얼리.

5 A **fire fighter** rescued the child from the fire.

어 파이어r 파이러r 뤠스뀨(드) 더 촤일드 프럼 더 파이어r.

6 He doesn't know the real value of **service**.

히 더즌(트) 노우 더 뤼얼 밸류 어브 써r비쓰.

7 She **feels** tired at night.

쉬 필즈 타이어r드 앳 나잇.

8 She **collected** one million won in a year.

쉬 컬렉띧 원 밀리언 원 이너 이어r.

9 She **visited** her uncle in America.

쉬 비지릳 허r 엉끌 인 어메뤼카.

10 **Space** is bigger and broader than Earth.

스뻬이쓰 이즈 비거r 앤 브로-더r 댄 어r쓰.

1 **People** asked me a lot of questions.

    사람들   물었다   나   많은   질문

2 Turn the door **handle** to the right.

    돌려라   문 손잡이   오른쪽으로

3 Suji especially wore a long **skirt** for today.

    수지   특별히   입었다   긴 치마   오늘을 위해

4 Our family divided the **land** equally.

    우리 가족   나눴다   땅   똑같이

5 A **fire fighter** rescued the child from the fire.

    소방관이   구출했다   아이   불속에서

6 He doesn't know the real value of **service**.

    그   모르다   진정한 가치   봉사의

7 She **feels** tired at night.

    그녀   느끼다   피곤한   밤에

8 She **collected** one million won in a year.

    그녀   모았다   백 만원   일 년에

9 She **visited** her uncle in America.

    그녀   방문했다   그녀의 삼촌   미국에 있는

10 **Space** is bigger and broader than Earth.

    우주   ~이다   더 크고 더 넓은   지구보다

27일차 영어읽기

1 The pitcher and the catcher are playing **baseball**.

더 핏쳐r 앤 더 캣쳐r 아r 플레잉 베이쓰볼.

2 We can meet **again** next time.

위 캔 미-러겐 넥쓰 타임.

3 Don't touch your **nose** with your dirty hands.

도운(트) 터취 유어r 노우즈 위쓰 유어r 더r티 핸즈.

4 He **can** even swim in the ocean.

히 캔 이븐 스윔 인 디 오우션.

5 Minsu was completely **wet** from the sudden shower.

민수 워즈 컴플릿-리 웻 프럼 더 써든 샤워r.

6 The **jobs** in the future will differ from those in the present.

더 좝쓰 인 더 퓨쳐r 윌 디퍼r 프럼 도우즈 인 더 프레즌트.

7 The **two** babies really look a lot like each other.

더 투 베이비즈 뤼을리 루껄랏 라잌 이치 아더r.

8 Wear a **raincoat** because it's raining outside.

웨어r 어 뤠인코웃 비코우즈 잇츠 뤠이닝 아우싸이드.

9 We watch TV in the **living room**.

위 왓취 티븨 인 더 리빙 룸.

10 I need an **empty** box for a present.

아이 니던 엠티 박스 포r 어 프뤠즌트.

1 The pitcher and the catcher are playing **baseball**.

   투수와 포수   야구를 하고 있다

2 We can meet **again** next time.

   우리   만날 수 있다   다시   다음 번에

3 Don't touch your **nose** with your dirty hands.

   만지지 마라   너의 코   너의 더러운 손으로

4 He **can** even swim in the ocean.

   그   심지어 수영할 수 있다   바다에서

5 Minsu was completely **wet** from the sudden shower.

   민수   ~였다   완전히   젖은   갑자기 내린 소나기로

6 The **jobs** in the future will differ from those in the present.

   직업들   미래에는   ~과 다를 것이다   그것들   현재의

7 The **two** babies really look a lot like each other.

   두 아기들   정말로   많이 닮았다   서로

8 Wear a **raincoat** because it's raining outside.

   우비를 입어라   ~때문에   비가 내리고 있다   밖에

9 We watch TV in the **living room**.

   우리   티브이를 보다   거실에서

10 I need an **empty** box for a present.

   나 필요하다   빈 상자   선물을 위해

28일차 영어읽기

1 She's pressing the **telephone** numbers.

쉬즈 프뤠씽 더 텔러포운 넘버r즈.

2 He usually wears short **pants** in the summer.

히 유즈을리 웨어r즈 쇼rt 팬츠 인 더 써머r.

3 I can't do my homework **without** a pencil.

아이 캐앤(트) 두 마이 호움워r크 위다우러 펜쓸.

4 She went abroad for **business**.

쉬 웬(트) 어브로드 포r 비즈니쓰.

5 I decided to wake up **early** in the morning.

아이 디싸이릿 투 웨이껍 어r리 인 더 모r닝.

6 The new **neighbor** looks like an actress.

더 뉴 네이버r 룩쓰 라이껀 액추레쓰.

7 The **boys** and girls made a circle together.

더 보이즈 앤 걸즈 메이러 써r클 투게더r.

8 She **believes** that God exists.

쉬 블리브즈 댓 갓 익지스츠.

9 It's dangerous to ignore traffic **signs**.

잇츠 데인저뤄스 투 이그노어r 추래픽 싸인즈.

10 A small mouse entered into the small **hole**.

어 스멀 마우쓰 엔터r드 인투 더 스멀 호울.

| "프는 f", "브는 v", "르, *r 는 r" 발음을 생각하면서 읽으세요.

1 She's pressing the **telephone** numbers.

    그녀는 누르고 있다   전화번호

2 He usually wears short **pants** in the summer.

   그   보통   입는다   짧은 바지   여름에

3 I can't do my homework **without** a pencil.

나   할 수 없다   나의 숙제   연필 없이

4 She went abroad for **business**.

  그녀   해외로 갔다   사업을 위해

5 I decided to wake up **early** in the morning.

나 ~ 하기로 결정했다   일어나다   일찍   아침에

6 The new **neighbor** looks like an actress.

    새로운 이웃   ~처럼 보이다   여배우

7 The **boys** and girls made a circle together.

   소년들과 소녀들   원을 만들었다   함께

8 She **believes** that God exists.

  그녀   믿다   신이 존재하다

9 It's dangerous to ignore traffic **signs**.

   위험하다   무시하는 것   교통 신호

10 A small mouse entered into the small **hole**.

   작은 쥐   들어갔다   작은 구멍 안으로

29일차 영어읽기

1 He built a tower with big **stones**.

히 빌트 어 타워r 윗 빅 스또운즈.

2 I had a **good** time with my neighbors.

아이 해러 굿 타임 윗 마이 네이버r즈.

3 She heard a strange **sound** in the bedroom.

쉬 허r더 스추뤠인쥐 싸운드 인 더 베주룸.

4 It's a true **fact** that he is a prince.

잇츠 어 추루 팩트 댓 히 이즈 어 프륀쓰.

5 The two people got married at **church**.

더 투 피쁠 갓 메뤼드 앳 처r취.

6 He made a hole in the hard **rock**.

히 메이러 호울 인 더 하r드 롹.

7 I **got** the job information from Minsu.

아이 갓 더 좝 인포r메이션 프럼 민수.

8 He didn't **answer** her question.

히 디른(트) 앤써r 허r 쿠에스천.

9 A burning **smell** came from the kitchen.

어 버r닝 스멜 케임 프럼 더 킷췬.

10 I get cheerful when **Friday** comes around.

아이 겟 취어r플 웬 프롸이데이 컴저롸운드.

1 He built a tower with big **stones**.

그 　지었다 　탑 　커다란 돌로

2 I had a **good** time with my neighbors.

나 보냈다 　좋은 시간 　나의 이웃들과 함께

3 She heard a strange **sound** in the bedroom.

그녀 　들었다 　이상한 소리 　침실에서

4 It's a true **fact** that he is a prince.

진짜 사실이다 　그가 왕자이다

5 The two people got married at **church**.

두 사람 　결혼했다 　교회에서

6 He made a hole in the hard **rock**.

그 　구멍을 만들었다 　단단한 바위에

7 I **got** the job information from Minsu.

나 얻었다 　취업 정보 　민수로 부터

8 He didn't **answer** her question.

그 　대답하지 않았다 　그녀의 질문

9 A burning **smell** came from the kitchen.

타는 냄새 　왔다 　주방으로부터

10 I get cheerful when **Friday** comes around.

나 　힘이 생기다 　~ 할 때 　금요일 　돌아오다

30일차 영어읽기

1 When she is **sad**, she listens to fun music.

웬 쉬 이(즈) 새-드, 쉬 리쓴즈 투 펀 뮤직.

2 He is an **honest** and faithful man.

히 이즈 언 아니스트 앤 페이쓰플 맨.

3 I filled up the **bottle** with cool water.

아이 필덥 더 바를 윗 쿨 워러r.

4 She is about to apply for the singing **contest**.

쉬 이즈 어바웃 투 어플라이 포r 더 씽잉 컨테스트.

5 He is an American man from **America**.

히 이즈 언 어메뤼컨 맨 프럼 어메뤼카.

6 She doesn't believe in **heaven** or hell.

쉬 더즌(트) 빌리브 인 헤븐 오r 헬.

7 The city **built** the stadium for the match.

더 씨티 빌(트) 더 스떼이디엄 포r 더 매-취.

8 The rabbit and the turtle started to **run**.

더 뤠빗 앤 더 터r틀 스따r팃 투 뤈.

9 This book tells the story of **three** knights.

디쓰 북 텔쓰 더 스또뤼 어브 쓰뤼 나잇츠.

10 The man and the **woman** are looking at each other.

더 맨 앤 더 워먼 아r 루킹 앳 이치 아더r.

1 When she is **sad**, she listens to fun music.

     그녀는 슬플 때   그녀   ~를 듣다   신나는 음악

2 He is an **honest** and faithful man.

  그 ~이다   정직하고 성실한 남자

3 I filled up the **bottle** with cool water.

  나   채웠다   병   시원한 물로

4 She is about to apply for the singing **contest**.

  그녀   막 ~ 하려고 하다   ~에 지원하다   노래대회

5 He is an American man from **America**.

  그 ~이다   미국 남자   미국에서 온

6 She doesn't believe in **heaven** or hell.

  그녀   ~을 믿지 않는다   천국 또는 지옥

7 The city **built** the stadium for the match.

  도시   지었다   경기장   시합을 위해

8 The rabbit and the turtle started to **run**.

    토끼와 거북이   시작했다 달리는 것

9 This book tells the story of **three** knights.

  이 책은   말하다   이야기   3명의 기사들의

10 The man and the **woman** are looking at each other.

   남자와 여자   ~ 을 쳐다보고 있다   서로

참 잘했습니다

본 영어학습에 대해서 궁금한 점이 있다면
네이버 카페 한글영어 공식카페로
질문해주시면 성심껏
답변을 드리도록 하겠습니다.

초등영어공부혼자하기

http://cafe.naver.com/korchinese/17544

원어민 음성 mp3도 다운 가능합니다

초등영어공부혼자하기

31일차~40일차

31일차 영어읽기

1 He's trying to **mix** oil with water.

히즈 추롸잉 투 믹스 오일 위쓰 워러r.

2 The side dishes for lunch were too **salty**.

더 싸이(드) 디쉬즈 포r 런취 워r 투 솔티.

3 I always get along with my **brother**.

아이 올웨이즈 게럴롱 위쓰 마이 브롸더r.

4 We pushed the rock with all of our **power**.

위 푸쉬(트) 더 롹 위드 올러브 아워r 파워r.

5 He has a good daughter and a good **son**.

히 해즈 어 굿 도-러r 앤 더 굿 썬.

6 The middle school students are the **same** age.

더 미를 스쿨 스튜든츠 아r 더 쎄임 에이쥐.

7 They rode their bicycles **along** the river.

데이 로우(드) 데이r 바이씨클즈 얼롱 더 뤼버r.

8 She **won** the singing contest yesterday.

쉬 원 더 싱잉 컨테스트 예스떠r데이.

9 His **speech** had a powerful force.

히(즈) 스삐-취 해러 파워r플 포r쓰.

10 I put coins in my **piggy bank** everyday.

아이 풋 코인즈 인 마이 피기 뱅크 에브뤼데이.

| "ㅍ는 f", "ㅂ는 v", "ㄹ, *r 는 r" 발음을 생각하면서 읽으세요.

1 He's trying to **mix** oil with water.

그는 ~하려고 노력한다　　기름을 물과 섞다

2 The side dishes for lunch were too **salty**.

반찬　　점심식사로　~였다　너무 짠

3 I always get along with my **brother**.

나　항상　~과 잘 지낸다　나의　남동생과

4 We pushed the rock with all of our **power**.

우리　밀었다　돌　우리의 모든 힘으로

5 He has a good daughter and a good **son**.

그 가지다　착한 딸　과　착한 아들

6 The middle school students are the **same** age.

중학생들　~이다　같은 나이

7 They rode their bicycles **along** the river.

그들　탔다　그들의 자전거　강을 따라

8 She **won** the singing contest yesterday.

그녀　이겼다　노래대회　어제

9 His **speech** had a powerful force.

그의 연설　가졌다　강력한 힘

10 I put coins in my **piggy bank** everyday.

나　넣다　동전들　나의 저금통 안에　매일

32일차 영어읽기

1 She was all wet because of the **shower**.

쉬 워즈 올 웻 비코우즈 어브 더 샤워r.

2 The **fox** is known to be a smart animal.

더 팍쓰 이즈 노운 투 비 어 스마r트 애니멀.

3 I did my homework **with** my friend.

아이 딧 마이 호움워r크 위드 마이 프렌드.

4 He covered his ears because of the **noisy** sound.

히 커버r드 히즈 이어r즈 비코우즈 어브 더 노이지 싸운드.

5 I use a **ruler** to measure length.

아이 유즈 어 룰러r 투 메저r 렝쓰.

6 There are many kinds of fish in the **sea**.

데어r 아r 메니 카인즈 어브 피쉬 인 더 씨-.

7 I want **something** hot to drink.

아이 원(트) 썸띵 핫 투 주륑(크).

8 She is friendly to **poor** people.

쉬 이즈 프렌들리 투 푸어r 피쁠.

9 There are **four** seasons in a year in Korea.

데어r 아r 포어r 시-즌즈 이너 이어r 인 코뤼아.

10 He will become a pilot **someday**.

히 윌 비컴 어 파일럿 썸데이.

| "프는 f", "브는 v", "르, *r 는 r" 발음을 생각하면서 읽으세요.

1 She was <u>all wet</u> <u>because of the</u> **shower**.

그녀　~였다　완전 젖은　　　　소나기 때문에

2 The **fox** <u>is known to</u> <u>be a smart animal</u>.

여우　　~로 알려졌다　　　　똑똑한 동물이다

3 I <u>did my homework</u> **with** <u>my friend</u>.

나　　나의 숙제를 했다　　　　나의 친구와 함께

4 He covered <u>his ears</u> <u>because of</u> the **noisy** sound.

그　　~덮었다　　그의 귀　　~ 때문에　　　　　소음

5 I use a **ruler** <u>to measure length</u>.

나 사용하다　자　　　길이를 재기 위해

6 <u>There are</u> <u>many kinds of fish</u> <u>in the</u> **sea**.

~있다　　　　많은 종류의 물고기　　　바다에

7 I want **something** <u>hot</u> <u>to drink</u>.

나　원한다　　뜨거운 무언가　　　마실

8 She is friendly <u>to</u> **poor** people.

그녀 ~이다　친절한　　가난한 사람들에게

9 <u>There are</u> **four** seasons <u>in a year</u> <u>in Korea</u>.

~있다　　　　4 계절　　　　1 년에　　　한국에

10 He <u>will become</u> a pilot **someday**.

그　　될 것이다　　조종사　언젠가

1 An **elephant** has a long nose.

언 엘러펀트 해즈 얼 롱 노우즈.

2 The salty food made me **thirsty**.

더 솔티 푸드 메잇 미 떠r스티.

3 He watched a horror **movie** last night.

히 왓취트 어 호러r 무비 라슷 나잇.

4 Sprinkle salt on the fried **egg**.

스프링클 솔트 온 더 프롸이드 에그.

5 Let's welcome our new **member** to the meeting.

렛츠 웰컴 아워r 뉴 멤버r 투 더 미링.

6 He **sent** a letter to the president.

히 센트 어 레러r 투 더 프뤠지든트.

7 A giraffe is an animal with a **long** neck.

어 쥐래프 이즈 언 애니멀 위쓰 얼 롱 넥.

8 The **storm** violently rocked the ship.

더 스톰 바이런-리 롹트 더 쉽.

9 The **king** called the prince and the princess.

더 킹 콜(드) 더 프륀쓰 앤 더 프륀쎄쓰.

10 The **rabbit** lost his race with the turtle.

더 뤠빗 로스트 히즈 뤠이쓰 윗 더 터r틀.

1 An **elephant** has <u>a long nose</u>.
    코끼리   가지다   긴 코

2 <u>The salty food</u> made me **thirsty**.
    짠 음식   만들다 나 목마른

3 He watched <u>a horror **movie**</u> <u>last night</u>.
  그   봤다   공포영화   어젯 밤

4 <u>Sprinkle salt</u> <u>on the fried **egg**</u>.
    소금을 뿌려라   계란프라이 위에

5 <u>Let's welcome</u> <u>our new **member**</u> <u>to the meeting</u>.
    환영합시다   우리의 새로운 회원   모임에

6 He **sent** <u>a letter</u> <u>to the president</u>.
  그 보냈다   편지   대통령에게

7 A giraffe is an animal <u>with a **long** neck</u>.
    기린 ~이다   동물   긴 목을 가진

8 The **storm** violently rocked <u>the ship</u>.
    폭풍   격렬하게   흔들었다   배

9 The **king** called <u>the prince and the princess</u>.
    왕   불렀다   왕자와 공주

10 The **rabbit** lost his race <u>with the turtle</u>.
    토끼   졌다 그의 경주   거북이와 함께한

1 I don't know what her **gesture** means.

아이 도운(트) 노우 왓 허r 줴스처r 민즈.

2 The stars are shining in the **dark** sky.

더 스따r즈 아r 샤이닝 인 더 다r크 스까이.

3 The witch turned the **pumpkin** into a carriage.

더 윗취 턴(드) 더 펌킨 인투 어 캐뤼쥐.

4 My **name** is the same as a famous actress.

마이 네임 이즈 더 쎄임 애저 페이머스 액추레쓰.

5 He played fireworks on the **hill**.

히 플레이드 파이어r워r(크)쓰 온 더 힐.

6 I gave **half** of my peach to my friend.

아이 게이브 해-프 어브 마이 피-취 투 마이 프뤤드.

7 She read a **report** about space.

쉬 뤠더 뤼포r트 어바웃 스뻬이쓰.

8 The babies are **crying** in their cradles.

더 베이비즈 아r 크롸잉 인 데어r 크래들즈.

9 The clown made me **laugh**.

더 클라운 메잇 미 래-프.

10 He silently stood on her **left** side.

히 사일런-리 스뚜드 온 허r 레프트 싸이드.

1 I don't know what her **gesture** means.

나 모른다 무엇 그녀의 몸짓 의미하다

2 The stars are shining in the **dark** sky.

별들 빛나고 있다 어두운 하늘에서

3 The witch turned the **pumpkin** into a carriage.

마녀 변하게 했다 호박 마차로

4 My **name** is the same as a famous actress.

나의 이름 ~이다 ~와 같은 유명한 여배우

5 He played fireworks on the **hill**.

그 불꽃놀이를 했다 언덕 위에서

6 I gave **half** of my peach to my friend.

나 줬다 내 복숭아의 절반 나의 친구에게

7 She read a **report** about space.

그녀 읽었다 보고서 우주에 관한

8 The babies are **crying** in their cradles.

아기들 울고 있다 그들의 요람에서

9 The clown made me **laugh**.

어릿광대 만들었다 나 웃다

10 He silently stood on her **left** side.

그 조용히 섰다 그녀의 왼쪽에

35일차 영어읽기

1 I **always** have lunch at this restaurant.

아이 올웨이즈 해브 런취 앳 디쓰 뤠스추륀트.

2 We have to know Korean **history** well.

위 해브 투 노우 코뤼언 히스토뤼 웰.

3 **Bread** is a main food for Americans.

브뤠드 이즈 어 메인 푸드 포r 어메뤼컨즈.

4 Her **voice** is soft to listen to.

허r 보이쓰 이즈 소프(트) 투 리쓴 투.

5 Let's meet **here** again tomorrow.

렛츠 밋- 히어r 어겐 투모로우.

6 If you make a turn at the **corner**, you'll see the house.

이퓨 메이꺼 턴 앳 더 코r너r, 유일 씨 더 하우쓰.

7 It is **sunny** and warm today.

잇 이즈 써니 앤 웜 투데이.

8 **Eleven** soccer players are playing soccer.

일레븐 싸커r 플레이어r즈 아r 플레잉 싸커r.

9 Gold and silver in the box are **mine**.

고울드 앤 실버r 인 더 박스 아r 마인.

10 She laid a **thin** mat on the floor.

쉬 레이드 어 띤 맷 온 더 플로어r.

1 I **always** have lunch at this restaurant.

나 항상 점심을 먹다 이 식당에서

2 We have to know Korean **history** well.

우리 알아야만 한다 한국의 역사 잘

3 **Bread** is a main food for Americans.

빵 ~이다 주식 미국사람들에게

4 Her **voice** is soft to listen to.

그녀의 목소리 ~이다 부드러운 듣기에

5 Let's meet **here** again tomorrow.

만나자 여기에서 다시 내일

6 If you make a turn at the **corner**, you'll see the house.

만약 너 돌다 코너에서 너는 볼 것이다 그 집

7 It is **sunny** and warm today.

~이다 화창하고 따뜻한 오늘

8 **Eleven** soccer players are playing soccer.

11명 축구 선수들 축구를 하고 있다

9 Gold and silver in the box are **mine**.

금과 은 상자에 있는 ~이다 내 것

10 She laid a **thin** mat on the floor.

그녀 깔았다 얇은 매트 바닥 위에

36일차 영어읽기

1 He wants to get a **better** score on the test.

히 원츠 투 게러 베러r 스코어r 온 더 테스트.

2 The carpenter fixed the broken **roof** yesterday.

더 카r펜터r 픽스(트) 더 브로끈 루프 예스떠r데이.

3 The motorcycle **stopped** in front of the red light.

더 모러r싸이끌 스땁트 인 프론트 어브 더 뤧- 라잇.

4 I will **never** lie again.

아이 윌 네버r 라이 어겐.

5 We had crab for **supper**.

위 핸 크랩- 포r 써퍼r.

6 You can **see** animals at the zoo.

유 캔 씨 애니멀즈 앳 더 주.

7 It's my **fault** that the window broke.

잇츠 마이 폴(트) 댓 더 윈도우 브로우크.

8 He gave her a **single** rose.

히 게이브 허r 어 씽글 로우즈.

9 Everyday, she memorizes English **words**.

에브뤼데이, 쉬 메모롸이지즈 잉글리쉬 워r즈.

10 The **giraffe** has a long neck and long legs.

더 쥐래-프 해 저 롱 넥 앤 롱 레그즈.

| "프는 f", "브는 v", "르, *r 는 r" 발음을 생각하면서 읽으세요.

1 He wants to get a **better** score on the test.
그 받기를 원하다 더 좋은 점수 시험에서

2 The carpenter fixed the broken **roof** yesterday.
목수 고쳤다 부서진 지붕 어제

3 The motorcycle **stopped** in front of the red light.
오토바이 멈췄다 ~앞에서 빨간 불

4 I will **never** lie again.
나는 절대 거짓말 안 할 것이다 다시

5 We had crab for **supper**.
우리 먹었다 게 저녁식사로

6 You can **see** animals at the zoo.
너 볼 수 있다 동물들 동물원에서

7 It's my **fault** that the window broke.
그것은 내 잘못이다 창문이 깨졌다

8 He gave her a **single** rose.
그 줬다 그녀 장미 한 송이

9 Everyday, she memorizes English **words**.
매일, 그녀 암기하다 영어 단어

10 The **giraffe** has a long neck and long legs.
기린 가지다 긴 목과 긴 다리

37일차 영어읽기

1 We entered school at the same **age**.

위 엔터r드 스쿨 앳 더 쎄임 에이쥐.

2 The **police officer** is controlling the traffic lights.

더 폴-리쓰 오피써r 이즈 컨추롤링 더 추래픽 라잇츠.

3 He **wants** me to study hard.

히 원츠 미 투 스떠디 하r드.

4 I have a bad **memory** from the past.

아이 해버 배-드 메모뤼 프럼 더 패-스트.

5 We raise **cows**, pigs and chickens at home.

위 뤠이즈 카우즈, 피그즈 앤 취낀즈 앳 호움.

6 My **daughter**'s job is a nurse.

마이 도-러r즈 좝 이즈 어 너r스.

7 That temple is **very** far away from our house.

댓 템쁠 이즈 베뤼 파러웨이 프럼 아워r 하우스.

8 Many ships stay at the **port**.

메니 쉽쓰 스떼이 앳 더 포r트.

9 Because it rained, she stayed at **home**.

비코우즈 잇 뤠인드, 쉬 스떼이드 앳 호움.

10 He studies while listening to **music**.

히 스떠디즈 와일 리쓰닝 투 뮤직.

| "프는 f", "브는 v", "르, *r 는 r" 발음을 생각하면서 읽으세요.

1 We entered school <u>at the same **age**</u>.

우리   들어갔다   학교   같은 나이에

2 The **police officer** is controlling the traffic lights.

경찰관   통제하고 있다   교통신호등

3 He **wants** <u>me</u> <u>to study hard</u>.

그   원하다   나   열심히 공부하기

4 I have <u>a bad **memory**</u> <u>from the past</u>.

나 가지다   나쁜 기억   과거에

5 We raise **cows**, pigs and chickens <u>at home</u>.

우리   키우다   소,   돼지   그리고   닭   집에서

6 <u>My **daughter**'s job</u> is a nurse.

나의 딸의 직업   ~이다   간호사

7 <u>That temple</u> is **very** far away <u>from our house</u>.

그 사원   ~이다   매우 멀리 떨어진   우리 집으로부터

8 <u>Many ships</u> stay <u>at the **port**</u>.

많은 배들   머물다   항구에

9 <u>Because it rained</u>, she stayed <u>at **home**</u>.

비가 내렸기때문에   그녀   머물렀다   집에

10 He studies <u>while listening to **music**</u>.

그   공부하다   음악을 들으면서

38일차 영어읽기

1 We divided the pizza into six **pieces**.

위 디바이딛 더 핏짜 인투 씩쓰 피씨즈.

2 I really **need** his advice.

아이 뤼을리 니잇 히즈 어드바이쓰.

3 A **wise** old man spoke about wisdom.

어 와이즈 오울(드) 맨 스뽀우꺼바웃 위즈듬.

4 Suji is not good at using a **spoon** and chopsticks.

수쥐 이즈 낫 굿 앳 유징 어 스뿐 앤 찹-스띡스.

5 I will **follow** his advice.

아이 윌 팔로우 히즈 어드바이쓰.

6 The ants are **passing** the road.

디 앤츠 아r 패-씽 더 로우드.

7 Naju is **famous** for its delicious pears.

나주 이즈 페이머쓰 포r 잇츠 들리쉬어쓰 페어r즈.

8 She came in **after** you left.

쉬 케임 인 애프터r 유 레프트.

9 I want to **drink** cold juice.

아이 원투 주륑크 코울(드) 주-쓰.

10 The compass needle was pointing **north**.

더 컴패-쓰 니들 워즈 포인팅 노r쓰.

| "프는 f", "브는 v", "르, *r 는 r" 발음을 생각하면서 읽으세요.

1 We divided the pizza into six **pieces**.

우리 나눴다 피자 6 조각으로

2 I really **need** his advice.

나 정말로 필요하다 그의 조언

3 A **wise** old man spoke about wisdom.

현명한 노인 말했다 지혜에 관해

4 Suji is not good at using a **spoon** and chopsticks.

수지 ~을 잘 못하다 숟가락과 젓가락을 사용하는 것

5 I will **follow** his advice.

나 따를 것이다 그의 조언

6 The ants are **passing** the road.

개미들 지나가고 있다 도로

7 Naju is **famous** for its delicious pears.

나주 ~으로 유명하다 맛있는 배

8 She came in **after** you left.

그녀 들어왔다 너가 떠난 후에

9 I want to **drink** cold juice.

나 마시고 싶다 차가운 주스

10 The compass needle was pointing **north**.

나침반 바늘 가르키고 있었다 북쪽

39일차 영어읽기

1 The cat is chasing the **duck**.

더 캣 이즈 췌이씽 더 덕.

2 We set up the tent on the **grass**.

위 세럽 더 텐트 온 더 그래-쓰.

3 He learned how to play **volleyball** last winter.

히 런드 하우 투 플레이 발-리볼 라스(트) 윈터r.

4 Don't **worry** too much about the next match.

도운(트) 워뤼 투 머취 어바웃 더 넥스(트) 매-취.

5 Our flight leaves in an **hour**.

아워r 플라잇 리브즈 이넌 아워r.

6 My **uncle** is my closest relative.

마이 엉끌 이즈 마이 클로우지스트 뤨러티브.

7 **Why** do you like baseball more than soccer?

와이 두 유 라익 베이쓰볼 모어r 댄 싸커r?

8 There are various kinds of fish living in the **ocean**.

데어r 아r 베뤼어스 카인접 피쉬 리빙 인 디 오우션.

9 He doesn't know the difficulty of city **life**.

히 더즌(트) 노우 더 디피컬티 어브 씨틸 라이프.

10 She is **still** reading a book in the library.

쉬 이즈 스틸 뤼딩 어 북 인 더 라이브뤠뤼.

| "프는 f", "브는 v", "르, *r 는 r" 발음을 생각하면서 읽으세요.

1 The cat is chasing the **duck**.

고양이   쫓고 있다   오리

2 We set up the tent on the **grass**.

우리   설치했다   텐트   잔디 위에

3 He learned how to play **volleyball** last winter.

그   배웠다   배구를 하는 방법   작년 겨울

4 Don't **worry** too much about the next match.

걱정하지마   너무 많이   다음 시합에 관해

5 Our flight leaves in an **hour**.

우리 비행기   떠나다   한 시간 내에

6 My **uncle** is my closest relative.

나의 삼촌   ~이다   나의 제일 친한 친척

7 **Why** do you like baseball more than soccer?

왜   너는 좋아하니?   야구   축구 보다 더

8 There are various kinds of fish living in the **ocean**.

~있다   다양한 종류의 물고기   살고 있는   바다에

9 He doesn't know the difficulty of city **life**.

그   모른다   어려움   도시 생활의

10 She is **still** reading a book in the library.

그녀   아직 읽고 있다   책   도서관에서

40일차 영어읽기

1 **He spent a lonely time in the mountains.**

히 스뻰트 얼 로우니 타임 인 더 마운튼즈.

2 **Minsu always acts like a baby.**

민수 올웨이즈 액츠 라이꺼 베이비.

3 **The spider eats the insects on the web.**

더 스빠이더r 잇츠 더 인섹츠 온 더 웹.

4 **If you listen to the real story, you'll be surprised.**

이퓨 리쓴 투 더 뤼얼 스또뤼, 유일 비 서r프롸이즈드.

5 **The sun rises in the East and sets in the West.**

더 썬 롸이지즈 인 더 이스트 앤 셋츠 인 더 웨스트.

6 **There is a pine tree on the mountain peak.**

데어r 이즈 어 파인 추뤼 온 더 마인튼 피-크.

7 **Wash your dirty hands before eating your meal.**

와쉬 유어r 더r티 핸즈 비포r 이링 유어r 미-을.

8 **A variety of animals live in the zoo.**

어 버롸이어티 어브 애니멀즈 리브 인 더 주.

9 **I know what this sentence means.**

아이 노우 왓 디(쓰) 쎈텐쓰 민즈.

10 **My hobby is collecting coins.**

마이 하비 이즈 컬렉팅 코인즈.

1 He spent a **lonely** time in the mountains.
그   보냈다   외로운 시간   산 속에서

2 Minsu always **acts** like a baby.
민수   항상   행동하다   아기처럼

3 The spider eats the **insects** on the web.
거미   먹다   벌레들   거미줄에 있는

4 If you listen to the **real** story, you'll be surprised.
만약   너   ~를 듣다   진짜 이야기   너는 놀랄 것이다

5 The sun rises in the **East** and sets in the West.
해   뜨다   동쪽에서   그리고   지다   서쪽에서

6 There is a pine tree on the **mountain** peak.
~있다   소나무   산 꼭대기에

7 **Wash** your dirty hands before eating your meal.
씻어라   너의 더러운 손   밥을 먹기 전에

8 A variety of **animals** live in the zoo.
다양한   동물들   살다   동물원에

9 I know what this sentence **means**.
나   알다   무엇   이 문장   의미하다

10 My **hobby** is collecting coins.
나의 취미   ~이다   동전을 모으는 것

참 잘했습니다

본 영어학습에 대해서 궁금한 점이 있다면
네이버 카페 한글영어 공식카페로
질문해주시면 성심껏
답변을 드리도록 하겠습니다.

http://cafe.naver.com/korchinese/17544
원어민 음성 mp3도 다운 가능합니다

초등영어공부혼자하기

41일차~50일차

41일차 영어읽기

1 She received the Nobel Peace **Prize** this year.

쉬 <u>뤼</u>씨브(드) 더 노우벨 피-쓰 프<u>롸</u>이즈 디쓰 이어r.

2 The **smoke** is coming out of the chimney.

더 스모우크 이즈 커밍 아웃 어<u>브</u> 더 췸니.

3 My niece loves old **stories**.

마이 니-쓰 러<u>브</u>즈 오울(드) 스<u>또</u>뤼즈.

4 Her **face** is round and her hair is long.

허r <u>페</u>이쓰 이즈 <u>롸</u>운드 앤 허r 헤어r 이즐 롱.

5 He runs for a strong **heart**.

히 <u>뤈</u>즈 <u>포</u>r 어 스추롱 하r트.

6 There are seven **chairs** around the table.

데어r 아r 쎄<u>븐</u> 췌어r즈 어<u>롸</u>운(드) 더 테이블.

7 This is an amusement park for **kids**.

디쓰 이즈 언 어뮤즈멘(트) 파r크 <u>포</u>r 키즈.

8 The **crab** has two big front legs.

더 크<u>랩</u> 해즈 투 빅 <u>프론</u>틀 레그쓰.

9 It is **natural** to feel sleepy at night.

잇 이즈 내추<u>뤌</u> 투 필 슬리삐 앳 나잇.

10 He **gave** me a good chance.

히 게<u>입</u> 미 어 굿 췐스.

1 She received <u>the Nobel Peace **Prize**</u> <u>this year</u>.

   그녀   받았다   노벨 평화상   올해

2 <u>The **smoke**</u> <u>is coming out of</u> <u>the chimney</u>.

       연기   ~에서 나오고 있다   굴뚝

3 My niece loves <u>old **stories**</u>.

    나의 조카딸   좋아하다   옛날 이야기들

4 Her **face** is round and <u>her hair</u> is long.

    그녀의 얼굴 ~이다 동그란   그리고   그녀의 머리 ~이다   긴

5 He runs <u>for a strong **heart**</u>.

   그   달리다   튼튼한 심장을 위해

6 <u>There are</u> <u>seven **chairs**</u> <u>around the table</u>.

    ~있다   7개의 의자   탁자 주위에

7 This is <u>an amusement park</u> <u>for **kids**</u>.

    이곳 ~이다   놀이공원   아이들을 위한

8 The **crab** has <u>two big front legs</u>.

     게   가지다   2개의 큰 앞 다리

9 <u>It is **natural**</u> <u>to feel sleepy</u> <u>at night</u>.

   자연스러운 일이다   졸리운 것   밤에

10 He **gave** me <u>a good chance</u>.

   그   줬다   나   좋은 기회

42일차 영어읽기

1 I was young and foolish back **then**.

아이 워즈 영 앤 풀리쉬 백 덴.

2 She got a checkup because she was very **ill**.

쉬 가러 췌껍 비코우즈 쉬 워즈 베뤼 일.

3 He is good at **swimming** in the pool.

히 이즈 굿 앳 스위밍 인 더 풀.

4 We **often** go to the museum to look around.

위 오-픈 고우 투 더 뮤지엄 투 루꺼롸운드.

5 **Only** three people came to the birthday party.

온리 쓰뤼 피쁠 케임 투 더 버r쓰데이 파r티.

6 He **explains** difficult problems easily.

히 엑쓰플레인즈 디피컬트 프롸블럼즈 이즐리.

7 The brave policeman caught the **thief**.

더 브래이브 폴리-쓰맨 캇- 더 띠프.

8 I'm **trying** to catch up to her.

아임 추롸잉 투 캣취 업 투 헐.

9 He planted the red **rose** on the fence.

히 플랜팃 더 뤳 로우즈 온 더 펜쓰.

10 She is collecting foreign **dolls**.

쉬 이즈 컬렉팅 포-륀 달즈.

| "프는 f", "브는 v", "르, *r 는 r" 발음을 생각하면서 읽으세요.

1 I was young and foolish back **then**.

나 ~였다　　　어리고 어리석은　　　　그 당시에

2 She got a checkup because she was very **ill**.

그녀　　　진찰을 받았다　　　　그녀는 매우 아팠기 때문에

3 He is good at **swimming** in the pool.

그　　~을 잘하다　　　수영장에서 수영하는 것

4 We **often** go to the museum to look around.

우리　자주　　　박물관에 간다　　　　구경하러

5 **Only** three people came to the birthday party.

오직 세 사람만　　　왔다　　　생일 파티에

6 He **explains** difficult problems easily.

그　　설명하다　　어려운 문제　　쉽게

7 The brave policeman caught the **thief**.

용감한 경찰관　　　잡았다　　　도둑

8 I'm **trying** to catch up to her.

나는 ~노력하고 있다　　따라잡기 위해　　그녀

9 He planted the red **rose** on the fence.

그　심었다　　빨간 장미　　울타리에

10 She is collecting foreign **dolls**.

그녀　　수집하고 있다　　외국의 인형

1 My uncle is a quiet and **gentle** man.

마이 엉끌 이즈 어 쿠아이엇 앤 젠틀 맨.

2 **Sharp** knives are very dangerous for children

샤r프 나이브즈 아r 베뤼 데인저뤄쓰 포r 췰드뤈.

3 My **family** sometimes goes out for meals.

마이 페믈리 썸타임즈 고우즈 아웃 포r 미-을즈.

4 The car's **speed** keeps increasing.

더 카r즈 스삐드 킵쓰 인크뤼-씽.

5 It was so dark and **cloudy** yesterday afternoon.

잇 워(즈) 쏘우 다r크 앤 클라우디 예스떠r데이 애프터r눈.

6 The gentleman has a **hat** and a cane.

더 줸틀맨 해즈 어 햇 애너 케인.

7 He **stayed** home during his long vacation.

히 스떼이드 호움 주륑 히즐 롱 베이케이션.

8 The parents were excited at the baby's first **steps**.

더 패런츠 워r 익싸이릿 앳 더 베이비즈 퍼r스트 스뗍스.

9 My **dad** is a fire fighter.

마이 대-드 이즈 어 파이어r 파이러r.

10 The train leaves at 7 in the morning on the **next** day.

더 추뤠인 리브즈 앳 쎄븐 인 더 모r닝 온 더 넥스(트) 데이.

| "프는 f", "브는 v", "르, *r 는 r" 발음을 생각하면서 읽으세요.

1 My uncle is a quiet and **gentle** man.

나의 삼촌   ~이다   조용하고 온화한 남자

2 **Sharp** knives are very dangerous for children.

날카로운 칼   ~이다   매우 위험한   아이들에게

3 My **family** sometimes goes out for meals.

나의 가족   가끔씩   나간다   식사를 위해

4 The car's **speed** keeps increasing.

자동차의 속도   계속 올라가고 있다

5 It was so dark and **cloudy** yesterday afternoon.

~였다   너무 어둡고   그리고   구름 낀   어제 오후

6 The gentleman has a **hat** and a cane.

신사   가지다   모자와 지팡이

7 He **stayed** home during his long vacation.

그   집에 머물렀다   그의 긴 휴가 동안

8 The parents were excited at the baby's first **steps**.

부모님   흥분했었다   아기의 첫 걸음마에

9 My **dad** is a fire fighter.

나의 아빠   ~이다   소방관

10 The train leaves at 7 in the morning on the **next** day.

기차는   떠나다   아침 7시에   다음 날

44일차 영어읽기

1 There is a **bed** and two chairs in this room.

데어r 이즈 어 베엣 앤 투 췌어r즈 인 디쓰 룸.

2 The **ants** followed the queen ant.

디 앤츠 팔로우(드) 더 쿠윈 앤트.

3 The girl is holding a yellow **balloon** in her hand.

더 걸 이즈 호울딩 어 옐로우 벌룬 인 헐 핸드.

4 The **difference** between the two pencils is the price.

더 디퍼뤈쓰 비트윈 더 투 펜쓸즈 이즈 더 프롸이쓰.

5 **Every** country has a land and people.

에브뤼 컨추뤼 해즈 얼 랜드 앤 피쁠.

6 He **helped** the sick man cross the street.

히 헬프(트) 더 씩 맨 크로-쓰 더 스추륏.

7 This **thing** here is yours.

디쓰 띵 히어r 이즈 유어r즈.

8 This match is an important **chance** for me.

디쓰 매-취 이즈 언 임포r튼(트) 췐쓰 포r 미.

9 She deleted his name from her **list**.

쉬 들리팃 히즈 네임 프럼 허r 리스트.

10 I checked the **date** on the milk carton.

아이 췍(트) 더 데잇 온 더 밀크 카r튼.

1 There is a **bed** and two chairs in this room.

~있다 　　침대 하나와 두 개의 의자 　　이 방 안에

2 The **ants** followed the queen ant.

개미들 　따라갔다 　　여왕개미

3 The girl is holding a yellow **balloon** in her hand.

소녀 　잡고 있다 　　노란 풍선 　　그녀의 손에

4 The **difference** between the two pencils is the price.

다른 점 　　2개의 연필 사이에 　~이다 　가격

5 **Every** country has a land and people.

모든 나라 　~가지다 　땅과 국민

6 He **helped** the sick man cross the street.

그 　도왔다 　아픈 사람 　　건너다 　길

7 This **thing** here is yours.

여기 이것 　~이다 너의 것

8 This match is an important **chance** for me.

이 경기 　~이다 　매우 중요한 기회 　나에게

9 She deleted his name from her **list**.

그녀 　삭제했다 　그의 이름 　그녀의 목록에서

10 I checked the **date** on the milk carton.

나 　확인했다 　날짜 　우유팩 위에

45일차 영어읽기

1 A **cool** breeze is blowing from the fan.

어 쿨 브뤼즈 이즈 블로윙 프럼 더 팬.

2 There are lots of fun **events** on weekends.

데어r 아r 랏쩌브 펀 이벤츠 온 위켄즈.

3 People are listening to music at the **concert**.

피쁠 아r 리쓰닝 투 뮤직 앳 더 콘서r트.

4 Don't talk **about** the accident anymore.

도운(트) 토-꺼바웃 더 액씨든(트) 에니모어r.

5 We lost our **way** in the strange woods.

윌 로스트 아워r 웨이 인 더 스추뤠인쥐 우즈.

6 He's bouncing the **ball** on the playground.

히즈 바운씽 더 볼 온 더 플레이그롸운드.

7 The **young** man saved the boy in the river.

더 영 맨 쎄이브(드) 더 보이 인 더 뤼버r.

8 My dad sometimes watches the **nine** o'clock news.

마이 대-드 썸타임즈 왓취즈 더 나인 오클락 뉴스.

9 He **allowed** me to use his car.

히 얼라우(드) 미 투 유즈 히즈 카r.

10 What day is it today? It's **Tuesday**.

왓 데이 이즈 잇 투데이? 잇츠 튜즈데이.

| "프는 f", "브는 v", "르, *r 는 r" 발음을 생각하면서 읽으세요.

1 A **cool** breeze is blowing from the fan.

시원한 바람   불고 있다   선풍기에서

2 There are lots of fun **events** on weekends.

~ 있다   많은   재미있는 행사   주말마다

3 People are listening to music at the **concert**.

사람들   ~를 듣고 있다   음악   연주회에서

4 Don't talk **about** the accident anymore.

말하지마   그 사고에 관해   더 이상

5 We lost our **way** in the strange woods.

우리   길을 잃어버렸다   낯선 숲 속에서

6 He's bouncing the **ball** on the playground.

그는 튀기고 있다   공   운동장에서

7 The **young** man saved the boy in the river.

젊은 남자   구했다   소년   강에서

8 My dad sometimes watches the **nine** o'clock news.

나의 아빠   때때로   보다   9시 뉴스

9 He **allowed** me to use his car.

그   허락했다   나   사용하는 것   그의 차

10 What day is it today? It's **Tuesday**.

무슨 요일이에요?   오늘   화요일이에요

46일차 영어읽기

1 A **subway** is a train that goes underground.

어 서브웨이 이즈 어 추뤠인 댓 고우즈 언더r그롸운드.

2 I **hope** to succeed in this experiment.

아이 호웁 투 썩씨드 인 디쓰 익쓰뻬뤼멘트.

3 That store is famous for its **quick** delivery.

댓 스또어r 이즈 페이머쓰 포r 잇츠 쿠윅 들리버뤼.

4 **Turkey** is the main dish on Thanksgiving Day.

터r키 이즈 더 메인 디쉬 온 땡쓰기빙 데이.

5 I was late **because** I missed the bus.

아이 워즐 레잇 비코우즈 아이 미스(트) 더 버쓰.

6 Do you understand what I mean? Yes, **sir**.

두 유 언더r스땐드 왓 아이 민? 예(쓰), 써r.

7 The **umbrella** protects her from the rain.

디 엄브뤨라 프로텍츠 허r 프럼 더 뤠인.

8 He has **already** left the company.

히 해즈 얼뤠리 레프(트) 더 컴뻐니.

9 A **group** of people gathered in the room.

어 그루쁩 피쁠 개더r드 인 더 룸.

10 There is a theater and a library **near** my house.

데어r 이즈 어 띠어터r 앤더 라이브뤠뤼 니어r 마이 하우쓰.

1 A **subway** is a train that <u>goes underground</u>.

　　지하철　　　~이다　　기차　　　　　　　지하로 가다

2 I **hope** <u>to succeed</u> <u>in this experiment</u>.

　나 희망한다　　성공하는 것　　　　　이 실험에서

3 <u>That store</u> <u>is famous for</u> its **quick** delivery.

　　그 가게　　　　~으로 유명하다　　　　　빠른 배달

4 **Turkey** is <u>the main dish</u> on <u>Thanksgiving Day</u>.

　칠면조　~이다　　주요 요리　　　　추수 감사절 날에

5 I was late **because** <u>I missed the bus</u>.

　나 ~였다　늦은　　왜냐하면　　　나는 버스를 놓쳤다

6 <u>Do you understand</u> <u>what I mean</u>? Yes, **sir**.

　　너는 이해하니?　　　　내가 의미 하는 것　　　네

7 The **umbrella** protects her <u>from the rain</u>.

　　　우산　　　보호하다　그녀　　비로 부터

8 He <u>has **already** left</u> the company.

　그　　　벌써 떠났다　　　　　회사

9 <u>A **group** of</u> people gathered <u>in the room</u>.

　한 무리의　　　사람들　　모였다　　　방에

10 <u>There is</u> <u>a theater and a library</u> **near** <u>my house</u>.

　　~있다　　　　영화관과 도서관　　　　우리 집에서 가까운

47일차 영어읽기

1 Her paintings and sculptures are **wonderful**.

허r 페인팅즈 앤(드) 스컬업처r즈 아r 원더r플.

2 The box is so **heavy** that a child can't lift it.

더 박쓰 이즈 쏘우 헤<u>비</u> 대러 촤일드 캐앤(트)리프 팃.

3 The lady is **crossing** the street by herself.

더 레이리 이즈 크<u>로</u>-씽 더 스추<u>륏</u> 바이 허r셀<u>프</u>.

4 I was **glad** to see him again.

아이 워즈 글랫 투 씨 힘 어겐.

5 'Nature' is a **magazine** for scientists.

'네이처r' 이즈 어 메거진 <u>포</u>r 싸이언티스츠.

6 I didn't have the intention to **lie** to the judge.

아이 디른(트) 헤<u>브</u> 더 인텐션 툴 라이 투 더 줘쥐.

7 **Let's** shake hands and say good bye.

렛츠 쉐이크 핸즈 앤 쎄이 굿 바이.

8 Guide dogs help **blind** people.

가이(드) 도-그즈 헬프 블라인(드) 피쁠.

9 She sat in the **front** seat of the classroom.

쉬 쌧 인 더 <u>프론</u>(트) 씨잇 어<u>브</u> 더 클래쓰룸.

10 He likes meat more than **vegetables**.

힐 라익쓰 미잇 모어r 댄 <u>베</u>쥐터블즈.

1 <u>Her paintings and sculptures</u> are **wonderful**.

그녀의 그림들과 조각품들 ~이다 훌륭한

2 The box is so **heavy** that a child <u>can't lift</u> it.

상자 ~이다 너무 무거워서 아이 들 수 없다 그것

3 The lady is **crossing** the street <u>by herself</u>.

숙녀 건너고 있다 거리 그녀 혼자

4 I was **glad** <u>to see him</u> again.

나 ~였다 기쁜 그를 봐서 다시

5 'Nature' is a **magazine** <u>for scientists</u>.

'네이처' ~이다 잡지책 과학자들을 위한

6 I <u>didn't have the intention</u> to **lie** to the judge.

나 의도를 갖지 않았다 거짓말 할 판사에게

7 **Let's** shake hands and <u>say good bye</u>.

악수하자 그리고 작별인사 하다

8 <u>Guide dogs</u> help **blind** people.

맹도견 돕다 안보이는 사람들

9 She sat <u>in the **front** seat</u> <u>of the classroom</u>.

그녀 앉았다 앞좌석에 교실의

10 He likes meat <u>more than</u> **vegetables**.

그 좋아하다 고기 ~ 보다 더 야채

48일차 영어읽기

1 Don't disturb the sleeping **lion**.

도운(트) 디쓰터r브 더 슬리핑 라이언.

2 Both his **legs** and arms are completely wet.

보우쓰 히즈 레그즈 앤 암즈 아r 컴플릿리 웻.

3 He served two years in the **army**.

히 써r브(드) 투 이어r즈 인 디 아r미.

4 My uncle and **aunt** are an awesome couple.

마이 엉끌 앤 앤트 아r 언 어썸 커쁠.

5 She made **bubbles** with soap.

쉬 메잇 버블즈 윗 쏘웁.

6 Many soldiers **died** in the war.

메니 솔저r쓰 다이드 인 더 워r.

7 I was very **late** for my appointment with her.

아이 워즈 베륄 레잇 포r 마이 어포인(트)멘트 위드 허r.

8 **Look** both ways before crossing the street.

룩 보우쓰 웨이즈 비포r 크로-씽 더 스추륏.

9 They had the baseball match at the **stadium**.

데이 햇 더 베이쓰볼 매-취 앳 더 스떼이디엄.

10 Her lips are **purple** because of the cold.

허r 립쓰 아r 퍼r쁠 비코우즈 어브 더 코울드.

1 Don't disturb the sleeping lion.
　　방해하지 마라　　　　잠자는 사자

2 Both his legs and arms are completely wet.
　　　　그의 다리와 팔 둘 다　　　　~이다　　완전히　　젖은

3 He served two years in the army.
　그　봉사했다　　2년　　　　군대에서

4 My uncle and aunt are an awesome couple.
　　　나의 삼촌과 고모　　　~이다　　　　멋진 부부

5 She made bubbles with soap.
　그녀　만들었다　　거품　　　비누로

6 Many soldiers died in the war.
　　많은 군인들　　죽었다　　전쟁에서

7 I was very late for my appointment with her.
　나　~였다　매우 늦은　　　나의 약속에　　　그녀와의

8 Look both ways before crossing the street.
　　양 방향을 봐라　　　　길을 건너기 전에

9 They had the baseball match at the stadium.
　그들　가졌다　　야구 시합　　　경기장에서

10 Her lips are purple because of the cold.
　그녀의 입술　~이다　보라색　　~ 때문에　　추위

1 Please **let** me use your car.

플리즈 렛 미 유즈 유어r 카r.

2 I **listen** to English broadcasting everyday.

아일 리쓴 투 잉글리쉬 브로드캐스팅 에브뤼데이.

3 The books on the shelf **fell** on the floor.

더 북쓰 온 더 쉘프 펠 온 더 플로어r.

4 The second semester starts in **August** in Korea.

더 쎄컨(드) 쎄미스떠r 스따r츠 인 어거스트 인 코뤼아.

5 The gentleman kept his **manners** with the lady.

더 줸틀맨 캡(트) 히즈 매너r즈 윗 더 레이리.

6 She put a couple of roses in the **vase**.

쉬 푸러 커쁠 어브 로우지즈 인 더 베이스.

7 My **grandmother** told us a traditional fairy tale.

마이 그랜마더r 토울 더쓰 어 추래디셔늘 페어뤼 테일.

8 I want to eat two bunches of **strawberries**.

아이 원투 잇 투 번취즈 어브 스추로베뤼즈.

9 The teacher is writing in English on the **blackboard**.

더 티처r 이즈 롸이링 인 잉글리쉬 온 더 블랙보r드.

10 She **hangs** her clothes in the closet.

쉬 행즈 허r 클로우즈 인 더 클라젯.

1 Please **let** me use your car.

~ 하게 해주세요 나 사용하다 당신의 자동차

2 I **listen** to English broadcasting everyday.

나 ~를 듣다 영어 방송 매일

3 The books on the shelf **fell** on the floor.

책들 책장 위의 떨어졌다 바닥 위에

4 The second semester starts in **August** in Korea.

2학기 시작하다 8월에 한국에서

5 The gentleman kept his **manners** with the lady.

신사 매너를 지켰다 숙녀에게

6 She put a couple of roses in the **vase**.

그녀 넣었다 몇 송이의 장미들 꽃병 안에

7 My **grandmother** told us a traditional fairy tale.

나의 할머니 말했다 우리 전래동화

8 I want to eat two bunches of **strawberries**.

나 먹고 싶다 두 송이의 딸기

9 The teacher is writing in English on the **blackboard**.

선생님은 적고 있다 영어로 칠판 위에

10 She **hangs** her clothes in the closet.

그녀 걸다 그녀의 옷 옷장에

50일차 영어읽기

1 The nurse is looking after the **sick** kid.

더 너r쓰 이즈 루킹 애프터r 더 씩 키잇.

2 He did his history homework in his **notebook**.

히 디잇 히즈 히쓰토뤼 호움워r크 인 히즈 노웃북.

3 I opened the **buttons** on my shirt.

아이 오우쁜(드) 더 버튼즈 온 마이 셔r트.

4 The floor of this room is made of **wood**.

더 플로어r 어브 디쓰 룸 이즈 메이럽 우드.

5 The **cost** of living is higher in Tokyo than in Seoul.

더 코-쓰트 어블 리빙 이즈 하이어r 인 토우쿄우 댄 인 써울.

6 She waited for her **sister** at the airport.

쉬 웨이릿 포r 허r 씨스터r 앳 더 에어r포r트.

7 The weather today is too **bad** to play baseball.

더 웨더r 투데이 이즈 투 배-앳 투 플레이 베이쓰볼.

8 He listens well to **other** people's opinions.

힐 리쓴즈 웰 투 아더r 피쁠즈 오피니언즈.

9 I want to **travel** around the world by myself.

아이 원투 추래블 어롸운(드) 더 워r을드 바이 마이쎌프.

10 **Raise** your hand if you have any questions.

뤠이즈 유어r 핸드 이퓨 해브 에니 쿠에스천즈.

1 The nurse is looking after the **sick** kid.

    간호사   돌보고 있다   아픈 아이

2 He did his history homework in his **notebook**.

    그   그의 역사 숙제를 했다   그의 공책에

3 I opened the **buttons** on my shirt.

    나   풀었다   단추들   내 셔츠에 있는

4 The floor of this room is made of **wood**.

    이 방의 바닥   ~로 만들어 졌다   나무

5 The **cost** of living is higher in Tokyo than in Seoul.

    생활비용   ~이다 더 높은   도쿄에서   서울에서 보다

6 She waited for her **sister** at the airport.

    그녀   ~를 기다렸다   그녀의 여동생   공항에서

7 The weather today is too **bad** to play baseball.

    오늘의 날씨   ~이다 ~하기에 너무 나쁜   야구를 하다

8 He listens well to **other** people's opinions.

    그   ~를 잘 듣다   다른 사람의 의견

9 I want to **travel** around the world by myself.

    나   여행하고 싶다   세계로   나 혼자서

10 **Raise** your hand if you have any questions.

    들어라   너의 손   만약 네가 어떤 질문을 가졌다면

참 잘했습니다

본 영어학습에 대해서 궁금한 점이 있다면
네이버 카페 한글영어 공식카페로
질문해주시면 성심껏
답변을 드리도록 하겠습니다.

http://cafe.naver.com/korchinese/17544
원어민 음성 mp3도 다운 가능합니다

초등영어공부혼자하기

한글해석

한글해석 01

	한글해석			한글해석
1-1	네가 영어를 공부하는 **reason**은 뭐니?		3-6	나는 넓은 공원에서 **horse**를 탔어.
1-2	자동차는 다양한 **metal**로 만들어져.		3-7	**trouble**은 우리에게 돈이 없다는 거야.
1-3	그녀는 혀로 **lip**을 자주 핥아.		3-8	난 자물쇠를 열기 위해 **key**를 사용했어.
1-4	물은 높은 곳에서 **low**한 곳으로 흘러.		3-9	나는 신발 끈을 단단히 **tie**했어.
1-5	그녀의 **hair**가 강한 바람에 휘날리네.		3-10	화가의 전시회가 **gallery**에서 열려.
1-6	나는 친구 **mail**에 답장을 쓰고 있어.		4-1	**move**하지 말고, 그 자리에 머물러라.
1-7	그 소년은 누나의 **double** 크기야.		4-2	오늘은 비도 오고 **windy**한 날이야.
1-8	그녀는 올해로 **thirteen**살이 되었어.		4-3	나는 내일 친구를 방문 **will** 할 거야.
1-9	우리는 **fair**한 경기를 위해서 노력했어.		4-4	이 강아지는 **ugly**하지만 정말 귀여워.
1-10	퍼즐은 **brain** 발달에 도움이 된대.		4-5	우리 **house**는 빨간 벽돌로 지어졌어.
2-1	그는 수영하러 **pool**에 친구와 갔어.		4-6	그녀는 **quiet**한 사무실에서 일했어.
2-2	나의 요청에 그녀는 **okay**라고 대답했어.		4-7	나는 나무 **under**에서 잠깐 쉬었어.
2-3	그가 떠나는 **moment** 전화기가 울렸어.		4-8	남자친구가 그녀에게 **wink**했어.
2-4	장군이 긴 **sword**를 허리에 차고 있어.		4-9	그는 그의 꿈을 부모님에게 **tell**했어.
2-5	그녀는 아이들이 노는 것을 **watch**했어.		4-10	민수는 시험 **information**을 받았어.
2-6	**classroom**안에 학생들이 있어.		5-1	**mad**한 개가 그의 다리를 물었어.
2-7	아플 때는 **hospital**에서 검사를 받아라.		5-2	숲에서 **bird**들이 노래를 부르고 있어.
2-8	수박은 내가 **favorite**하는 과일이야.		5-3	태양 때문에 나의 **skin**이 빨개졌어.
2-9	성인들은 아침에 **company**로 가.		5-4	나는 책 두 권에 대한 돈을 **pay**했어.
2-10	그녀는 **lady**와 신사라는 영화를 봤어.		5-5	나무에 올라가는 것은 **dangerous**해.
3-1	난 아이를 구할 **great**한 용기가 있어.		5-6	나는 수학을 더 열심히 **study**할거야.
3-2	나는 **sometimes** 공원에서 산책했어.		5-7	**master**와 노예가 함께 시장에 갔어.
3-3	그녀는 추운 겨울에는 **coat**를 입어.		5-8	**wind**가 동쪽으로부터 불고 있어.
3-4	나는 운동장에서 **basketball**을 했어.		5-9	아이들과 **adult**가 눈밭에서 놀고 있어.
3-5	그는 많은 장난감을 **have**하고 있어.		5-10	**farmer**가 옥수수밭에서 일했어.

	한글해석			한글해석
6-1	그는 지도자로서 팀을 잘 **lead**해.		8-6	나는 매일 밤 공책에 **diary**를 써.
6-2	수지는 **lunch**로 햄버거를 먹었어.		8-7	우리 모두 **round** 탁자에 앉았어.
6-3	가을에 하늘은 **blue**하고 높아.		8-8	비가 내리기 전 하늘은 **gray**이야.
6-4	많은 **foreigner**가 한국을 방문해.		8-9	그녀는 머리를 **brown**으로 염색했어.
6-5	어느 방향이 **south**인가요?		8-10	네가 가장 좋아하는 **sport**는 뭐니?
6-6	그 외국인은 **Korean**을 좋아해.		9-1	나는 떡국에 **pepper**를 뿌렸어.
6-7	**who**가 내 지우개를 가져갔니?		9-2	빈 페이지에 두 개의 **line**을 그려라.
6-8	**today**는 제니의 10번째 생일이야.		9-3	나는 **large**한 차를 운전하고 싶어.
6-9	우리는 **ground**에 그림을 그렸어.		9-4	그녀의 **eye**에는 눈물이 가득 찼어.
6-10	나는 눈이 나빠서 **glasses**를 써.		9-5	요리사는 **head**위에 긴 모자를 썼어.
7-1	**yesterday**와 오늘과 내일이 있어.		9-6	내 아들은 내 **behind**에 숨어 있어.
7-2	나는 수건과 마실 물을 **pack**했어.		9-7	**China**는 넓은 땅을 가지고 있어.
7-3	근처에서 큰 사고가 **happen**했어.		9-8	민지는 영어로 **speak**할 수 있어.
7-4	그는 우승이라는 **glory**를 얻었어.		9-9	금은 노란색이고 **silver**는 회색이야.
7-5	그녀는 제주도에 **plane**을 타고 갔어.		9-10	1에서 1을 빼면 **zero**가 돼.
7-6	우린 초등학교 때 같은 **class**이었어.		10-1	남의 물건을 **steal**하지 마라.
7-7	그는 **stair**를 하나씩 올라가고 있어.		10-2	내 잘못 때문에 그는 **angry**했어.
7-8	아이들이 **outside**에서 놀고 있어.		10-3	비 온 뒤에 하늘에 **rainbow**가 떴어.
7-9	강 **over**로 큰 다리가 놓여 있어.		10-4	그는 쉬운 문제도 못 풀 정도로 **stupid**해.
7-10	너는 내일 **what**을 할 계획이니?		10-5	그녀는 파티에서 **white** 드레스를 입었어.
8-1	나 **too** 농구를 매우 좋아해.		10-6	나는 가수처럼 **song**을 부르고 싶어.
8-2	이 장소는 나의 집만큼 **safe**해.		10-7	비행기가 **airport**에 많이 있어.
8-3	난 여배우와 **happy**한 시간을 보냈어.		10-8	그 배우는 **handsome**하고 친절해.
8-4	그는 어린 **though**이지만, 힘이 강해.		10-9	내 필통을 내 허락 없이 **touch**하지 마.
8-5	그녀는 **pretty**한 인형을 선물로 받았어.		10-10	그는 숲속에서 큰 **bear**를 봤어.

한글해석 03

	한글해석		한글해석
11-1	나는 취미로 낚시를 **enjoy**해.	13-6	그는 **god**이 인간을 창조했다고 믿어.
11-2	**if** 네가 간다면, 나도 함께 가겠어.	13-7	시간은 초, **minute**, 시로 측정될 수 있어.
11-3	빗자루로 방안의 **dust**를 쓸었어.	13-8	**hall**에서 새해를 위한 파티가 열렸어.
11-4	군인은 **special**한 훈련을 받아.	13-9	우리는 10년 **ago** 파티에서 만났어.
11-5	나미는 가게 문을 **push**해서 열었어.	13-10	이 **shore**에는 모래가 거의 없어.
11-6	**pine** 숲에서 뭔가 좋은 냄새가 나.	14-1	나는 **jungle gym**에서 혼자 놀았어.
11-7	어두운 동굴 안에 **bat**이 매달려 있어.	14-2	그녀는 너무 아파서 똑바로 **stand**못했어.
11-8	냉장고에 **note**를 자석으로 붙였어.	14-3	그는 하루에 세 번 **meal**을 먹어.
11-9	나는 **toothbrush**에 치약을 짰어.	14-4	**lot**한 사람들이 불꽃놀이를 보러 왔어.
11-10	최근에 제주도에 **tourist**가 많아.	14-5	그녀는 바위를 드는 것이 **able**해.
12-1	그는 **talk**하는 것 보다 듣는 걸 좋아해.	14-6	그는 **now** 소설책을 읽고 있는 중이야.
12-2	**starfish**는 하늘의 별처럼 보여.	14-7	우리는 같은 초등 **school**에 다녀.
12-3	나는 그의 제안을 기꺼이 **accept**했어.	14-8	나는 **wide**한 침대를 찾고 있어.
12-4	바깥의 공기가 차니 **window**를 닫아라.	14-9	비가 그칠 때 **until** 나는 기다릴 거야.
12-5	그는 어리다 **however** 그는 힘이 세.	14-10	그는 티브이 보기 전 **homework**를 했어.
12-6	바다에서 수영할 때 **shark**를 조심해라.	15-1	3시에 도서관 앞에서 **meet**하자.
12-7	개가 **danger**로부터 주인을 구했어.	15-2	그는 **beef**와 돼지고기 둘 다 좋아해.
12-8	10 곱하기 10은 **hundred**이야.	15-3	나는 첫 번째 줄, 너는 **second** 줄이야.
12-9	난 축구공으로 창문 **glass**를 깼어.	15-4	그는 매일 아침에 항상 **milk**를 마셔.
12-10	민수는 나의 가장 친한 **friend**야.	15-5	우리는 **green**신호일 때 길을 건너.
13-1	눈물이 그녀의 눈에서 **drop**했어.	15-6	나중에 다시 나에게 **call** 해주세요.
13-2	바깥에는 **strong**한 바람이 불고 있어.	15-7	나의 할머니는 옛날 **tale**을 말했어.
13-3	우리는 내일 역사와 **art** 수업이 있어.	15-8	나는 내일 날씨를 **sure**하지 못하겠어.
13-4	토끼와 거북이의 **race**는 인기있는 이야기야.	15-9	우리는 눈으로 **snowman**을 만들었어.
13-5	나는 **bamboo**로 바구니를 만들었어.	15-10	그 **lawyer**는 법에 대해서 잘 알아.

한글해석을 보고 생각나는 영어단어나 문장을 말해보세요.
예 2-8 수박은 내가 favorite하는 과일이야.
수박 : watermelon, 과일 : fruit, favorite : 제일 좋아하는

	한글해석			한글해석
16-1	사람은 **air**없이 몇 분 동안도 살 수 없어.		18-6	태양이 높은 산 **above**로 떴어.
16-2	내 옷의 **size**가 모두 달라.		18-7	네가 정말 하고 싶은 것을 **do**해라.
16-3	우리는 무거운 상자를 **together** 들었어.		18-8	너는 **how** 그 정보를 얻었니?
16-4	나는 멋진 자동차를 **buy**하고 싶어.		18-9	그녀는 **ususal**보다 빨리 집에 도착했어.
16-5	민수는 **bookstore**에서 책 2권을 샀어.		18-10	나에게 **cold**한 물 한 컵 주세요.
16-6	그는 정원에 **tree** 3그루를 심었어.		19-1	그녀는 **delicious**한 저녁을 먹었어.
16-7	월요일, 화요일, **Wednesday**가 있어.		19-2	그녀는 수학시험에서 **luck**이 좋았어.
16-8	올해는 여름 **vacation**이 길어.		19-3	그는 자동차로 나무를 **hit**했어.
16-9	**deep**한 호수는 깊이를 잴 수 없어.		19-4	나는 방망이로 야구공을 **strike**했어.
16-10	그녀는 햇빛 때문에 **cap**을 썼어.		19-5	이 **store**에는 많은 상품이 있어.
17-1	그는 **English**로 자신을 소개할 수 있어.		19-6	오늘 오후 5시까지 집에 **come**해라.
17-2	그것은 **big**하고 맛있고 싼 수박이야.		19-7	선생님이 **chalk**로 칠판에 이름을 썼어.
17-3	**man**이 여자의 손을 잡았어.		19-8	**pink**의 복숭아는 맛있는 과일이야.
17-4	그는 그녀를 한 달에 **once** 만나.		19-9	연못에서 **frog** 떼가 울고 있어.
17-5	수업시간에는 **shout** 하지 마라.		19-10	저 **yellow**의 바나나는 정말 맛있어.
17-6	**angel**은 하얀 날개를 가지고 있어.		20-1	그 도둑은 **prison**에 가야만 해.
17-7	그녀는 **table**위에 음식을 놓았어.		20-2	나는 거실에 의자와 책상을 **put**했어.
17-8	나는 차보다 **motorcycle**을 더 좋아해.		20-3	**rainy** 날에는 우산을 잊지 마라.
17-9	잠자리의 **wing**은 매우 얇아.		20-4	나무에 겨우 **leaf** 하나 남아있어.
17-10	그는 일주일 동안 학교에 **absent**했어.		20-5	우리는 아침 식사를 위해 식탁에 **sit**했어.
18-1	사람들이 공원의 **bench**에 앉아 있어.		20-6	그는 건강을 위해 **everyday** 운동을 해.
18-2	그는 이 큰 **ship**의 선장이야.		20-7	**policeman**이 어제 도둑을 잡았어.
18-3	찬 마루 위에서 **sleep**하지 마라.		20-8	그녀는 **mom**과 아빠를 사랑해.
18-4	그는 **soft**한 목소리로 책을 읽었어.		20-9	나는 **dinner**로 소고기를 먹었어.
18-5	그녀는 웃을 때 **mouth**를 가렸어.		20-10	그녀는 가려고 의자에서 **rise**했어.

	한글해석		한글해석
21-1	**goat**떼가 들판에서 풀을 뜯고 있어.	23-6	개구리들은 다 함께 물 위로 **jump**했어.
21-2	더 이상 흥분하지 말고 **calm** 있어라.	23-7	우리는 **later** 또 만나기로 약속했어.
21-3	다음 **month**에는 나의 생일이 있어.	23-8	도시에서는 **car**의 속도가 매우 느려.
21-4	나는 그에게 **another** 샘플을 보여줬어.	23-9	그는 **football**을 보러 경기장에 갔어.
21-5	공주는 독이 든 **apple**을 먹었어.	23-10	이번 주 부산에서 야구 **match**가 열려.
21-6	그녀는 가게에서 야채와 **meat**를 샀어.	24-1	정전 때문에 **candle**에 불을 붙였어.
21-7	산에서 큰 바위가 **roll**해서 내려왔어.	24-2	나는 방학에 할 **plan**을 세우고 있어.
21-8	나는 건강을 위해 **food**를 골고루 먹어.	24-3	봄에는 온화한 **climate**가 이어져.
21-9	그는 새로 구운 빵을 **taste**했어.	24-4	1 **century**는 100년을 의미해.
21-10	정원에는 **colorful**한 꽃들이 피었어.	24-5	이 **desert**에는 온통 모래뿐이야.
22-1	7 난쟁이들은 **little**한 집에 살아.	24-6	그는 **whistle**로 아이들을 불렀어.
22-2	그 영화의 **actor**들은 모두 유명해.	24-7	햇빛 때문에 나무 **shadow**가 생겨.
22-3	나는 사업 때문에 최근에 **busy**해.	24-8	공장에는 많은 **machine**들이 있어.
22-4	나의 **dream**은 우주여행을 하는 거야.	24-9	부모님은 나를 정말 **proud**해.
22-5	우리 팀은 축구시합에서 **lose**했어.	24-10	**sun**이 하늘에서 빛나고 있어.
22-6	그 두 집은 **similar**한 모양을 가졌어.	25-1	그는 수저와 **chopstick**을 잘 써.
22-7	왕은 왕비와 함께 **castle**에 살아.	25-2	그녀는 **one**, 2, 3 하고 숫자를 셌어.
22-8	지진이 집을 심하게 **shake**했어.	25-3	일요일이면 교회의 **bell**이 울려.
22-9	나의 **grandfather**는 올해 90살이 돼.	25-4	해외여행을 위해선 **passport**가 필요해.
22-10	지금부터 **free**하게 질문을 해주세요.	25-5	그 과자의 가격은 2 **thousand**원이야.
23-1	엄마가 오늘 **morning** 나를 깨웠어.	25-6	그는 **really** 그녀를 만나고 싶어 해.
23-2	회사는 새로운 **office**를 마련했어.	25-7	벽지는 **simple**한 패턴으로 되어 있어.
23-3	까마귀는 완전한 **black**의 새야.	25-8	제니는 오늘 **also** 아파서 결석이야.
23-4	**singer**는 노래를 잘 부르는 사람이야.	25-9	인간은 살과 **bone**로 만들어져 있어.
23-5	나는 떠나기 전 여행 가방을 **check**했어.	25-10	아이들이 장난감을 가지고 **play**하고 있어.

한글해석을 보고 생각나는 영어단어나 문장을 말해보세요.
예 2-8 수박은 내가 favorite하는 과일이야.
수박 : watermelon, 과일 : fruit, favorite : 제일 좋아하는

	한글해석		한글해석
26-1	**people**들이 나에게 많은 질문을 했어.	28-6	새로운 **neighbor**는 여배우처럼 보였어.
26-2	문의 **handle**을 오른쪽으로 돌려라.	28-7	**boy**와 소녀가 함께 원을 만들었어.
26-3	수지는 오늘 특별히 긴 **skirt**를 입었어.	28-8	그녀는 신이 존재한다고 **believe**해.
26-4	우리 가족은 **land**를 똑같이 나눴어.	28-9	교통 **sign**을 무시하는 것은 위험해.
26-5	**fire fighter**가 불 속에서 아이를 구했어.	28-10	쥐가 작은 **hole** 안으로 들어갔어.
26-6	그는 **service**의 진정한 가치를 몰라.	29-1	그는 큰 **stone**으로 탑을 만들었어.
26-7	그녀는 저녁때면 피곤하게 **feel**했어.	29-2	나는 이웃들과 **good**한 시간을 보냈어.
26-8	그녀는 1년 동안 백만 원을 **collect**했어.	29-3	그녀는 침실에서 이상한 **sound**를 들었어.
26-9	그녀는 미국에 있는 삼촌을 **visit**했어.	29-4	그가 왕자라는 것은 진짜 **fact**이야.
26-10	**space**는 지구보다 크고 넓어.	29-5	그 두 사람은 **church**에서 결혼했어.
27-1	투수와 포수가 **baseball**을 하고 있어.	29-6	그는 단단한 **rock**에 구멍을 만들었어.
27-2	우리는 다음에 **again** 만날 수 있어.	29-7	나는 민수로부터 취업 정보를 **get**했어.
27-3	더러운 손으로 **nose**를 만지지 마라.	29-8	그는 그녀의 질문에 **answer**하지 않았어.
27-4	그는 심지어 바다에서 수영을 **can**해.	29-9	부엌에서 타는 **smell**이 났어.
27-5	민수는 갑작스런 소낙비로 완전히 **wet**했어.	29-10	나는 **Friday**가 되면 기분이 좋아.
27-6	미래의 **job**은 현재와 다를 거야.	30-1	그녀는 **sad**할 때 신나는 음악을 들어.
27-7	**two** 아기는 정말 많이 닮았어.	30-2	그는 **honest**하고 성실한 남자야.
27-8	밖에 비가 오니 **raincoat**를 입어라.	30-3	나는 **bottle**에 시원한 물을 채웠어.
27-9	우리는 **living room**에서 티브이를 봐.	30-4	그녀는 노래 **contest**에 지원할 예정이야.
27-10	나는 선물을 위해 **empty** 상자가 필요해.	30-5	그는 **America**에서 온 미국 남자야.
28-1	그녀는 **telephone** 번호를 누르고 있어.	30-6	그녀는 **heaven**과 지옥을 안 믿어.
28-2	그는 여름에 보통 짧은 **pants**를 입어.	30-7	시는 시합을 위해 경기장을 **build**했어.
28-3	나는 연필 **without** 숙제를 할 수 없어.	30-8	토끼와 거북이가 **run**하길 시작했어.
28-4	그녀는 **business**때문에 해외로 갔어.	30-9	이 책은 **three** 기사의 이야기이야.
28-5	나는 아침 **early** 일어나기로 결심했어.	30-10	남자와 **woman**이 서로를 보고 있어.

한글해석 07

	한글해석		한글해석
31-1	그는 물과 기름을 **mix**하려고 해.	33-6	그는 대통령에게 편지를 **send**했어.
31-2	점심에 나온 반찬이 너무 **salty**했어.	33-7	기린은 **long**한 목을 가진 동물이야.
31-3	나는 **brother**와 항상 사이좋게 지내.	33-8	**storm**이 배를 좌우로 격렬하게 흔들었어.
31-4	우리는 온 **power**를 다해서 돌을 밀었어.	33-9	**king**은 왕자와 공주를 불렀어.
31-5	그녀는 착한 **son**과 딸을 가지고 있어.	33-10	**rabbit**은 거북이와의 경주에서 졌어.
31-6	그 중학생들은 **same**한 나이야.	34-1	나는 그녀의 **gesture**의 의미를 모르겠어.
31-7	그들은 강을 **along**해서 자전거를 탔어.	34-2	**dark**한 하늘에 별들이 빛나고 있어.
31-8	그녀는 어제 노래대회에서 **win**했어.	34-3	마녀는 **pumpkin**을 마차로 바꿨어.
31-9	그의 **speech**는 강력한 힘을 가졌어.	34-4	나의 **name**은 유명한 여배우와 같아.
31-10	나는 매일 **piggy bank**에 동전을 넣어.	34-5	그는 **hill**위에서 불꽃놀이를 했어.
32-1	그녀는 **shower** 때문에 다 젖었어.	34-6	나는 복숭아의 **half**를 친구에게 주었어.
32-2	**fox**는 똑똑한 동물로 알려져 있어.	34-7	그녀는 우주에 대한 **report**를 읽었어.
32-3	나는 친구와 **with** 숙제를 끝냈어.	34-8	아기들이 요람에서 **cry**하고 있어.
32-4	그는 **noisy**한 소리 때문에 귀를 막았어.	34-9	어릿광대는 나를 **laugh**하게 만들었어.
32-5	나는 길이를 재기 위해 **ruler**를 사용해.	34-10	그는 그녀의 **left** 쪽에 조용히 섰어.
32-6	**sea**에는 많은 종류의 물고기가 살아.	35-1	나는 **always** 이 식당에서 점심을 먹어.
32-7	나는 **something** 뜨거운 걸 마시고 싶어.	35-2	우리는 한국의 **history**를 잘 알아야 해.
32-8	그녀는 **poor**한 사람에게 친절해.	35-3	**bread**는 미국인에게 주식이야.
32-9	한국에는 1년에 **four** 계절이 있어.	35-4	그녀의 **voice**는 듣기에 부드러워.
32-10	그는 **someday** 조종사가 될 거야.	35-5	내일 **here**에서 다시 만나자.
33-1	**elephant**는 긴 코를 가지고 있어.	35-6	너는 **corner**를 돌면 그 집을 볼 수 있어.
33-2	나는 짠 음식 때문에 **thirsty**해.	35-7	오늘은 **sunny**하고 따뜻한 날씨야.
33-3	그는 어젯밤 공포 **movie**를 봤어.	35-8	**eleven**의 선수가 축구를 하고 있어.
33-4	프라이 된 **egg**에 소금을 뿌려라.	35-9	상자안에 든 금과 은은 **mine**이야.
33-5	우리 모임의 새 **member**를 환영하자.	35-10	그녀는 **thin**한 매트를 바닥에 깔았어.

	한글해석			한글해석
36-1	그는 시험에서 **better**한 점수를 원해.		38-6	개미들이 도로를 **pass**하고 있어.
36-2	목수가 어제 부서진 **roof**를 고쳤어.		38-7	나주는 맛있는 배로 **famous**해.
36-3	오토바이가 빨간 불 앞에서 **stop**했어.		38-8	네가 떠난 **after** 그녀가 들어왔어.
36-4	나는 **never** 거짓말을 하지 않을 거야.		38-9	나는 차가운 주스를 **drink**하고 싶어.
36-5	우리는 **supper**로 게를 먹었어.		38-10	나침반 바늘이 **north**를 가리키고 있었어.
36-6	너는 동물원에서 동물들을 **see**할 수 있어.		39-1	고양이가 **duck**을 쫓아 다니고 있어.
36-7	창문이 깨진 것은 나의 **fault**야.		39-2	우리는 **grass**위에 텐트를 설치했어.
36-8	그는 그녀에게 **single** 장미를 주었어.		39-3	그는 지난겨울에 **volleyball**을 배웠어.
36-9	그녀는 영어 **word**를 매일 암기해.		39-4	다음 시합에 대해 너무 **worry**하지 마라.
36-10	**giraffe**는 긴 목과 다리를 가졌어.		39-5	우리 비행기는 약 1 **hour**안에 떠나.
37-1	우리는 같은 **age**에 학교에 들어갔어.		39-6	**uncle**은 나의 가장 가까운 친척이야.
37-2	**police officer**가 신호등을 통제하고 있어.		39-7	**why** 너는 축구보다 야구를 더 좋아하니?
37-3	그는 내가 열심히 공부하기를 **want**해.		39-8	**ocean**에는 다양한 물고기들이 살고 있어.
37-4	나는 과거에 나쁜 **memory**가 있어.		39-9	그는 도시 **life**의 어려움을 몰라.
37-5	우리 집은 **cow**, 돼지와 닭을 길러.		39-10	그녀는 **still** 도서관에서 책을 읽고 있어.
37-6	나의 **daughter**의 직업은 간호사야.		40-1	그는 산속에서 **lonely**한 시간을 보냈어.
37-7	그 사원은 우리 집에서 **very** 멀어.		40-2	민수는 언제나 아기처럼 **act**해.
37-8	많은 배가 **port**에 머물고 있어.		40-3	거미는 거미줄에 있는 **insect**를 먹어.
37-9	비가 와서 그녀는 **home**에 머물렀어.		40-4	너는 **real**한 이야기를 들으면 놀랄 거야.
37-10	그는 **music**을 들으면서 공부를 해.		40-5	해는 **East**에서 떠서 서쪽으로 져.
38-1	우리는 피자를 6 **piece**로 나눴어.		40-6	**mountain**의 꼭대기에 소나무가 있어.
38-2	나는 그의 조언이 정말로 **need**해.		40-7	밥 먹기 전 너의 더러운 손을 **wash**해라.
38-3	**wise**한 노인이 지혜에 대해서 말했어.		40-8	동물원에는 다양한 **animal**들이 살아.
38-4	수지는 **spoon**과 젓가락을 잘 못써.		40-9	나는 이 문장이 **mean**하는 것을 알아.
38-5	나는 그의 충고를 **follow**할 거야.		40-10	나의 **hobby**는 동전을 모으는 거야.

한글해석 09

	한글해석		한글해석
41-1	그녀는 올해 노벨 평화 **prize**를 받았어.	43-6	그 신사는 **hat**과 지팡이를 가지고 있어.
41-2	**smoke**가 굴뚝으로부터 올라오고 있어.	43-7	그는 긴 휴가 동안 집에 **stay**했어.
41-3	내 조카는 옛날 **story**를 좋아해.	43-8	부모님은 아기의 첫 **step**에 흥분했어.
41-4	그녀의 **face**는 둥글고 머리는 길어.	43-9	나의 **dad**의 직업은 소방관이야.
41-5	그는 튼튼한 **heart**를 위해 달리기를 해.	43-10	그 기차는 **next** 날 아침 7시에 떠나.
41-6	7개의 **chair**가 탁자주위에 있어.	44-1	이방에는 **bed** 하나, 의자 두 개가 있어.
41-7	여기는 **kid**들을 위한 놀이공원이야.	44-2	**ant**들이 여왕개미를 따라갔어.
41-8	**crab**은 두 개의 큰 앞발을 가졌어.	44-3	소녀가 노란 **balloon**을 손에 들고 있어.
41-9	네가 밤에 졸린 것은 **natural**해.	44-4	두 연필 사이의 **difference**는 가격이야.
41-10	그는 나에게 좋은 기회를 **give**했어.	44-5	**every** 나라에는 땅과 사람이 있어.
42-1	나는 **then** 어리고 어리석었어.	44-6	그는 아픈 사람을 **help**해서 길을 건넜어.
42-2	그녀는 너무 **ill**해서 진찰을 받았어.	44-7	여기 있는 이 **thing**은 너의 거야.
42-3	그는 수영장에서 **swimming**을 잘 해.	44-8	이번 경기는 나에게 중요한 **chance**야.
42-4	우리는 **often** 박물관에 구경하러 가.	44-9	그녀는 **list**에서 그의 이름을 삭제했어.
42-5	생일파티에 **only** 세 명만 참석했어.	44-10	나는 우유 팩에 적힌 **date**를 확인했어.
42-6	그는 어려운 문제를 쉽게 **explain**해.	45-1	선풍기에서 **cool**한 바람이 불고 있어.
42-7	용감한 경찰관이 **thief**를 잡았어.	45-2	주말에는 즐거운 **event**가 많이 열려.
42-8	나는 그녀를 따라잡으려고 **try**하고 있어.	45-3	사람들이 **concert**에서 음악을 듣고 있어.
42-9	그는 빨간 **rose**를 울타리에 심었어.	45-4	그 사고에 **about** 더 이상 말하지 마라.
42-10	그녀는 외국의 **doll**을 수집하고 있어.	45-5	우리는 낯선 숲에서 **way**를 잃었어.
43-1	나의 삼촌은 조용하고 **gentle**한 남자야.	45-6	그는 운동장에서 **ball**을 튀기고 있어.
43-2	**sharp**한 칼은 아이들한테 매우 위험해.	45-7	**young**한 남자가 강에서 소년을 구했어.
43-3	나의 **family**는 때때로 외식을 해.	45-8	나의 아빠는 때때로 **nine** 시 뉴스를 봐.
43-4	자동차의 **speed**가 계속 올라가고 있어.	45-9	그는 내가 차를 사용하도록 **allow**했어.
43-5	어제 오후는 너무 어둡고 **cloudy**였어.	45-10	오늘은 무슨 요일이니? - **Tuesday**야.

한글해석을 보고 생각나는 영어단어나 문장을 말해보세요.
예 2-8 수박은 내가 favorite하는 과일이야.
수박 : watermelon, 과일 : fruit, favorite : 제일 좋아하는

	한글해석			한글해석
46-1	**subway**는 땅 밑으로 가는 기차야.		48-6	많은 군인들이 전쟁에서 **die**했어.
46-2	나는 이번 실험에서 성공하기를 **hope**해.		48-7	나는 그녀와의 약속에 매우 **late**했어.
46-3	그 가게는 **quick** 배달로 유명해.		48-8	길을 건너기 전 좌우를 **look**해라.
46-4	**turkey**는 추수감사절의 주된 요리야.		48-9	그들은 야구시합을 **stadium**에서 했어.
46-5	**because** 버스를 놓쳐서 나는 늦었어.		48-10	그녀의 입술은 추위로 **purple**이야.
46-6	내가 의미한 것을 이해했나요? - 예, **sir**.		49-1	내가 너의 자동차를 쓰도록 **let**해라.
46-7	**umbrella**가 비로부터 그녀를 보호해.		49-2	나는 매일 영어방송을 **listen**해.
46-8	그는 **already** 회사를 떠났어.		49-3	책장에 있던 책들이 바닥으로 **fall**했어.
46-9	한 **group**의 사람들이 방에 모여 있어.		49-4	한국에선 2학기가 **August**에 시작돼.
46-10	나의 집 **near**에 극장과 도서관이 있어.		49-5	그 신사는 숙녀에게 **manner**를 지켰어.
47-1	그녀의 그림과 조각품은 **wonderful**해.		49-6	그녀는 **vase**에 장미 몇 송이를 꽂았어.
47-2	그 상자는 **heavy**해서 아이는 들 수 없어.		49-7	**grandmother**가 전래동화를 말했어.
47-3	숙녀가 혼자서 길을 **cross**하고 있어.		49-8	나는 **strawberry** 두 송이를 먹고 싶어.
47-4	나는 그를 다시 보게 되어 **glad**했어.		49-9	선생님이 **blackboard**에 영어를 쓰고 있어
47-5	'네이처'는 과학자를 위한 **magazine**이야.		49-10	그녀는 그녀의 옷을 옷장에 **hang**해.
47-6	나는 판사에게 **lie**할 의도는 없었어.		50-1	간호사가 **sick**한 아이를 돌보고 있어.
47-7	이제 **let's** 악수하고 헤어지자.		50-2	그는 **notebook**에 역사숙제를 했어.
47-8	맹도견은 **blind**한 사람을 도와줘.		50-3	나는 셔츠에 있는 **button**을 풀었어.
47-9	그녀는 교실의 **front** 좌석에 앉았어.		50-4	이 방의 바닥은 **wood**로 되어 있어.
47-10	그는 **vegetable**보다 고기를 더 좋아해.		50-5	서울보다 도쿄가 생활 **cost**가 더 많이 들어.
48-1	잠자는 **lion**을 방해하지 마라.		50-6	그녀는 공항에서 **sister**를 기다렸어.
48-2	그의 **leg**와 팔은 완전히 젖었어.		50-7	오늘은 야구를 하기에 **bad**한 날씨야.
48-3	그는 **army**에서 2년 동안 복무했어.		50-8	그는 **other** 사람들의 의견을 잘 들어.
48-4	삼촌과 **aunt**는 아주 멋진 부부야.		50-9	나는 혼자서 세계를 **travel**하고 싶어.
48-5	그녀는 비누로 **bubble**을 만들었어.		50-10	질문이 있는 사람은 손을 **raise**해라.

참 잘했습니다

본 영어학습에 대해서 궁금한 점이 있다면
네이버 카페 한글영어 공식카페로
질문해주시면 성심껏
답변을 드리도록 하겠습니다.

초등영어공부혼자하기

http://cafe.naver.com/korchinese/17544

원어민 음성 mp3도 다운 가능합니다

초등영어공부혼자하기

영어단어

영어단어 01

번호	영어단어	한글의미	번호	영어단어	한글의미	번호	영어단어	한글의미
	1 일차		24	wind	바람			
			25	write	쓰다	1	go	가다
1	what	무엇	26	reply	답장	2	pool	수영장
2	reason	이유	27	friend	친구	3	swim	수영하다
3	you	너	28	mail	편지	4	reply	대답하다
4	study	공부하다	29	boy	소년	5	okay	좋아
5	English	영어	30	double	두 배의	6	request	요청
6	car	자동차	31	size	크기	7	moment	순간
7	make	만들다	32	sister	누나, 여동생	8	leave	떠나다
8	out of ~	~로 부터	33	turn	되다	9	telephone	전화기
9	various	여러 가지의	34	thirteen	13	10	ring	울리다
10	metal	금속	35	this	이것	11	general	장군
11	lick	핥다	36	year	해, 년	12	carry	나르다
12	lip	입술	37	try	노력하다	13	long	긴
13	often	자주	38	best	최선	14	sword	검
14	tongue	혀	39	game	경기	15	waist	허리
15	water	물	40	fair	공정한	16	watch	보다
16	flow	흐르다	41	they	그들	17	kid	아이
17	from ~	~로 부터	42	say	말하다	18	play	놀다
18	high	높은	43	puzzle	퍼즐	19	student	학생
19	place	장소	44	help	돕다	20	inside	~안에
20	low	낮은	45	develop	발달시키다	21	classroom	교실
21	hair	머리카락	46	brain	두뇌	22	checkup	검진
22	blow	불다				23	hospital	병원
23	strong	강한		**2일차**		24	when ~	~할 때

영어단어 02

영어단어와 한글의미로 공부한 후 다음처럼 말해보세요.
1. 한글의미를 가리고 영어단어를 보고 의미를 말해본다
2. 영어단어를 가리고 한글의미를 보고 영어를 말해본다

mp3 듣기

영어단어

번호	영어단어	한글의미	번호	영어단어	한글의미	번호	영어단어	한글의미
25	sick	아픈	13	cold	추운			
26	watermelon	수박	14	winter	겨울	1	stay	머물다
27	favorite	가장 좋아하는	15	play	놀다	2	there	거기에
28	fruit	과일	16	basketball	농구	3	move	움직이다
29	adult	성인	17	playground	운동장	4	today	오늘
30	company	회사	18	many	많은	5	rainy	비오는
31	morning	아침	19	toy	장난감	6	windy	바람이 부는
32	movie	영화	20	ride	타다	7	will ~	~할 것이다
33	lady	숙녀	21	horse	말	8	visit	방문하다
34	gentleman	신사	22	big	큰	9	friend	친구
			23	trouble	문제	10	tomorrow	내일
3일차			24	don't	아니다	11	this	이것
			25	money	돈	12	puppy	강아지
1	have	가지다	26	use	사용하다	13	ugly	못생긴
2	great	대단한	27	key	열쇠	14	but	그러나
3	courage	용기	28	open	열다	15	still	그럼에도
4	save	구하다	29	lock	자물쇠	16	very	매우
5	child	아이	30	tightly	단단히	17	cute	귀여운
6	walk	걷다	31	tie	묶다	18	house	집
7	around ~	~ 주위에	32	shoelace	신발 끈	19	build	짓다
8	park	공원	33	artist	화가	20	red	빨간
9	sometimes	때때로	34	exhibition	전시회	21	brick	벽돌
10	wear	입다	35	gallery	화랑	22	work	일하다
11	coat	외투				23	quiet	조용한
12	during ~	~ 동안	**4일차**			24	office	사무실

영어단어 03

번호	영어단어	한글의미	번호	영어단어	한글의미	번호	영어단어	한글의미
25	take	가지다	9	red	빨간	34	snow	눈
26	short	짧은	10	because of	때문에	35	farmer	농부
27	rest	휴식	11	sun	태양	36	work	일하다
28	under ~	~의 아래	12	pay	지불하다	37	cornfield	옥수수 밭
29	tree	나무	13	money	돈			
30	boyfriend	남자친구	14	two	2		**6일차**	
31	wink	윙크하다	15	book	책			
32	tell	말하다	16	dangerous	위험한	1	is good at	~를 잘하다
33	parents	부모님	17	climb	기어오르다	2	lead	이끌다
34	about ~	~ 관하여	18	tree	나무	3	team	팀
35	dream	꿈	19	will	~할 것이다	4	leader	지도자
36	receive	받다	20	study	공부하다	5	have	먹다
37	information	정보	21	math	수학	6	hamburger	햄버거
38	test	시험	22	hard	열심히	7	lunch	점심식사
			23	master	주인	8	sky	하늘
	5일차		24	slave	노예	9	blue	파란
			25	market	시장	10	high	높은
1	mad	미친	26	together	함께	11	autumn	가을
2	dog	개	27	wind	바람	12	many	많은
3	bite	물다	28	blow	불다	13	foreigner	외국인
4	leg	다리	29	from ~	~로 부터	14	like	좋아하다
5	bird	새	30	East	동쪽	15	korean	한국인
6	forest	숲	31	children	아이들	16	who	누구
7	sing	노래하다	32	adult	어른	17	take	가져가다
8	skin	피부	33	play	놀다	18	eraser	지우개

영어단어 04

영어단어와 한글의미로 공부한 후 다음처럼 말해보세요.
1. 한글의미를 가리고 영어단어를 보고 의미를 말해본다
2. 영어단어를 가리고 한글의미를 보고 영어를 말해본다

mp3
듣기

영어단어

번호	영어단어	한글의미	번호	영어단어	한글의미	번호	영어단어	한글의미
19	today	오늘	12	happen	발생하다	**8일차**		
20	tenth	10번째	13	nearby	근처에			
21	birthday	생일	14	gain	얻다	1	love	좋아하다
22	draw	그리다	15	glory	영광	2	basketball	농구
23	picture	그림	16	win	우승하다	3	a lot	많이
24	ground	땅바닥	17	go	가다	4	too	역시
25	wear	입다	18	island	섬	5	place	장소
26	glasses	안경	19	plane	비행기	6	as A as B	B만큼 A한
27	because	~때문에	20	same	같은	7	safe	안전한
28	bad	나쁜	21	class	반	8	home	집
29	eyesight	시력	22	elementary	초등의	9	happy	행복한
			23	school	학교	10	young	어린
7일차			24	stair	계단	11	strong	강한
			25	one	하나	12	receive	받다
1	there's ~	~이 있다	26	at a time	한번에	13	pretty	예쁜
2	yesterday	어제	27	kid	아이	14	doll	인형
3	today	오늘	28	play	놀다	15	as ~	~ 로써
4	tomorrow	내일	29	outside	바깥에	16	gift	선물
5	pack	챙기다	30	bridge	다리	17	write	쓰다
6	towel	수건	31	over ~	~ 위로	18	diary	일기
7	some	약간의	32	river	강	19	notebook	공책
8	water	물	33	what	무엇	20	every	모든
9	drink	마시다	34	plan	계획하다	21	night	밤
10	big	큰	35	do	하다	22	we	우리
11	accident	사고				23	all	모두

번호	영어단어	한글의미	번호	영어단어	한글의미	번호	영어단어	한글의미
24	sit	앉다	8	two	2	33	gold	금
25	round	둥근	9	line	선	34	yellow	노란
26	table	탁자	10	blank	공백의	35	silver	은
27	sky	하늘	11	page	페이지	36	gray	회색의
28	become	되다	12	want	원하다	37	minus	빼기
29	gray	회색의	13	drive	운전하다	38	zero	0
30	before ~	~전에	14	large	큰			
31	rain	비가 오다	15	car	차		**10일차**	
32	dye	염색하다	16	eye	눈			
33	hair	머리카락	17	fill	채우다	1	steal	훔치다
34	brown	갈색의	18	tear	눈물	2	other	다른
35	what	무엇	19	chef	요리사	3	people	사람들
36	your	너의	20	wear	입다	4	thing	물건
37	favorite	가장 좋아하는	21	long	긴	5	angry	화난
38	sport	운동	22	hat	모자	6	because of	~때문에
			23	head	머리	7	mistake	잘못
	9일차		24	son	아들	8	rainbow	무지개
			25	hide	숨다	9	out	밖으로
1	sprinkle	뿌리다	26	behind~	~뒤에	10	sky	하늘
2	pepper	후추	27	China	중국	11	after ~	~후에
3	over ~	~위로	28	broad	넓은	12	rain	비가 오다
4	rice	쌀	29	land	땅	13	so ~that	너무~ 라서
5	soup	수프	30	can	할 수 있다	14	stupid	어리석은
6	cake	케이크	31	speak	말하다	15	can't	할 수 없다
7	draw	그리다	32	English	영어	16	solve	풀다

영어단어 06

영어단어와 한글의미로 공부한 후 다음처럼 말해보세요.
1. 한글의미를 가리고 영어단어를 보고 의미를 말해본다
2. 영어단어를 가리고 한글의미를 보고 영어를 말해본다

mp3 듣기

번호	영어단어	한글의미	번호	영어단어	한글의미	번호	영어단어	한글의미
17	easy	쉬운		**11일차**		24	pine	소나무
18	problem	문제				25	forest	숲
19	wear	입다	1	enjoy	즐기다	26	bat	박쥐
20	white	하얀	2	fish	낚시하다	27	hang	매달리다
21	dress	드레스	3	as ~	~로써	28	dark	어두운
22	party	파티	4	hobby	취미	29	cave	동굴
23	want	원하다	5	go	가다	30	stick	붙이다
24	sing	노래하다	6	with ~	~ 함께	31	note	메모
25	like ~	~처럼	7	if	만약 ~라면	32	refrigerator	냉장고
26	singer	가수	8	use	사용하다	33	magnet	자석
27	many	많은	9	broom	빗자루	34	squeeze	짜다
28	plane	비행기	10	clean	청소하다	35	toothpaste	치약
29	airport	공항	11	dust	먼지	36	onto~	~위로
30	actor	배우	12	room	방	37	toothbrush	칫솔
31	handsome	잘생긴	13	soldier	군인	38	lately	최근에
32	friendly	친절한	14	receive	받다	39	a lot of	많은
33	touch	만지다	15	special	특별한	40	tourist	관광객
34	pencil case	필통	16	training	훈련	41	island	섬
35	without ~	~없이	17	push	밀다			
36	permission	허락	18	open	열다		**12일차**	
37	see	보다	19	store	가게			
38	big	큰	20	door	문	1	enjoy	즐기다
39	bear	곰	21	smell	냄새 맡다	2	listen	듣다
40	woods	숲	22	something	무언가	3	than ~	~보다
			23	good	좋은	4	talk	말하다

영어단어 07

번호	영어단어	한글의미	번호	영어단어	한글의미	번호	영어단어	한글의미
5	starfish	불가사리	30	hundred	100	16	popular	인기 있는
6	look like~	~처럼 보이다	31	break	깨뜨리다	17	story	이야기
7	star	별	32	glass	유리	18	make	만들다
8	sky	하늘	33	soccer	축구	19	basket	바구니
9	willingly	기꺼이	34	ball	공	20	out of ~	~ 으로
10	accept	받아들이다	35	best	최고의	21	bamboo	대나무
11	offer	제안	36	friend	친구	22	believe	믿다
12	close	닫다				23	god	신
13	window	창문		**13일차**		24	create	창조하다
14	as ~	~ 때문에				25	man	인간
15	air	공기	1	tear	눈물	26	time	시간
16	outside	밖의	2	drop	떨어지다	27	measure	측정하다
17	cold	추운	3	from ~	~로 부터	28	second	초
18	young	어린	4	eye	눈	29	minute	분
19	however	그러나	5	strong	강한	30	hour	시간
20	strong	강한	6	wind	바람	31	new	새로운
21	when ~	~할 때	7	blow	불다	32	year	해, 년
22	swim	수영하다	8	outside	바깥에	33	hall	홀
23	ocean	바다	9	tomorrow	내일	34	meet	만나다
24	careful	주의 깊은	10	history	역사	35	ten	10
25	shark	상어	11	art	미술	36	ago	전에
26	save	구하다	12	class	수업	37	party	파티
27	owner	주인	13	rabbit	토끼	38	hardly	거의 ~ 없다
28	danger	위험	14	turtle	거북이	39	sand	모래
29	times	곱하기	15	race	경주	40	shore	해변

영어단어 08

영어단어와 한글의미로 공부한 후 다음처럼 말해보세요.
1. 한글의미를 가리고 영어단어를 보고 의미를 말해본다
2. 영어단어를 가리고 한글의미를 보고 영어를 말해본다

mp3 듣기

영어단어

번호	영어단어	한글의미	번호	영어단어	한글의미	번호	영어단어	한글의미
			23	attend	참석하다	8	beef	소고기
	14일차		24	same	같은	9	pork	돼지고기
			25	elementary	초등의	10	first	첫 번째
1	play	놀다	26	school	학교	11	line	줄
2	by myself	나 혼자서	27	look for~	~을 찾다	12	second	두 번째
3	jungle gym	정글짐	28	wide	넓은	13	always	항상
4	too ~	너무	29	bed	침대	14	drink	마시다
5	sick	아픈	30	will ~	~할 것이다	15	milk	우유
6	stand	서다	31	wait	기다리다	16	every	모든
7	straight	똑바로	32	until ~	~할 때까지	17	morning	아침
8	three	3	33	stop	멈추다	18	cross	건너다
9	meal	식사	34	rain	비가 오다	19	road	도로
10	day	하루	35	homework	숙제	20	traffic	교통
11	a lot of	많은	36	before ~	~ 전에	21	light	신호등
12	people	사람들	37	watch	보다	22	green	녹색
13	see	보다				23	please ~	~ 해주세요
14	firework	불꽃놀이		**15일차**		24	call	전화하다
15	is able to	할 수 있다				25	again	다시
16	lift	들어 올리다	1	let's ~	~하자	26	later	나중에
17	rock	바위	2	meet	만나다	27	grandmother	할머니
18	middle	중간	3	~ o'clock	~ 시	28	tell	말하다
19	read	읽다	4	in front of	~ 앞에	29	old	오래된
20	novel	소설	5	library	도서관	30	tale	이야기
21	right	바로	6	love	좋아하다	31	sure	확신하는
22	now	지금	7	both	둘 다	32	about ~	~ 관하여

번호	영어단어	한글의미	번호	영어단어	한글의미	번호	영어단어	한글의미
33	tomorrow	내일	14	heavy	무거운	39	lake	호수
34	weather	날씨	15	box	상자	40	wear	입다
35	snowman	눈사람	16	together	함께	41	cap	모자
36	out of ~	~으로	17	want	원하다	42	because of	~ 때문에
37	snow	눈	18	buy	사다	43	sunlight	햇빛
38	lawyer	변호사	19	nice	멋진			
39	know	알다	20	car	차		**17일차**	
40	a lot	많이	21	buy	사다			
41	law	법	22	book	책	1	introduce	소개하다
			23	bookstore	서점	2	himself	그 자신
	16일차		24	plant	심다	3	English	영어
			25	three	3	4	big	큰
1	people	사람들	26	tree	나무	5	tasty	맛있는
2	can't	할 수 없다	27	garden	정원	6	cheap	가격이 싼
3	live	살다	28	there are~	~이 있다	7	watermelon	수박
4	without ~	~ 없이	29	Monday	월요일	8	man	남자
5	air	공기	30	Tuesday	화요일	9	hold	잡다
6	even	심지어	31	Wednesday	수요일	10	woman	여자
7	a few	조금	32	year	해, 년	11	hand	손
8	minute	분	33	summer	여름	12	meet	만나다
9	clothes	옷	34	vacation	방학	13	once	한 번
10	all	모든	35	long	긴	14	month	달
11	different	다른	36	measure	측정하다	15	shout	소리치다
12	size	크기	37	depth	깊이	16	class	수업
13	carry	나르다	38	deep	깊은	17	angel	천사

영어단어 10

영어단어와 한글의미로 공부한 후 다음처럼 말해보세요.
1. 한글의미를 가리고 영어단어를 보고 의미를 말해본다
2. 영어단어를 가리고 한글의미를 보고 영어를 말해본다

mp3 듣기

번호	영어단어	한글의미	번호	영어단어	한글의미	번호	영어단어	한글의미
18	white	하얀색	7	big	큰	32	home	집
19	wing	날개	8	ship	배	33	early	일찍
20	put	놓다	9	sleep	잠자다	34	than ~	~ 보다
21	food	음식	10	cold	차가운	35	usual	보통의
22	table	탁자	11	floor	바닥	36	please ~	~ 해주세요
23	like	좋아하다	12	read	읽다	37	give	주다
24	motorcycle	오토바이	13	book	책	38	glass	유리
25	better	더 많이	14	soft	부드러운	39	water	물
26	than ~	~ 보다	15	voice	목소리			
27	dragonfly	잠자리	16	cover	덮다		**19일차**	
28	very	매우	17	mouth	입			
29	thin	얇은	18	when ~	~ 할 때	1	eat	먹다
30	absent	결석한	19	laugh	웃다	2	delicious	맛있는
31	school	학교	20	sun	태양	3	dinner	저녁식사
32	for ~	~ 동안	21	rise	오르다	4	good	좋은
33	week	일주일	22	above ~	~ 위로	5	luck	행운
			23	high	높은	6	math	수학
			24	mountain	산	7	test	시험
	18일차		25	what ~	~ 것	8	hit	치다
			26	really	정말로	9	tree	나무
1	people	사람들	27	want	원하다	10	with ~	~ 가지고
2	sit	앉다	28	how	어떻게	11	car	자동차
3	bench	벤치	29	get	얻다	12	strike	세게 치다
4	park	공원	30	information	정보	13	baseball	야구공
5	captain	선장	31	arrive	도착하다	14	bat	방망이
6	this	이것						

영어단어 11

번호	영어단어	한글의미	번호	영어단어	한글의미	번호	영어단어	한글의미
15	there are~	~이 있다		**20일차**		24	policeman	경찰관
16	a lot of	많은				25	catch	잡다
17	item	상품	1	thief	도둑	26	yesterday	어제
18	store	가게	2	have to ~	~해야만 하다	27	love	사랑하다
19	come	오다	3	prison	감옥	28	mom	엄마
20	home	집	4	put	놓다	29	dad	아빠
21	by ~	~ 까지	5	desk	책상	30	beef	소고기
22	pm	오후	6	chair	의자	31	dinner	저녁식사
23	today	오늘	7	living room	거실	32	rise	일어나다
24	teacher	선생님	8	forget	잊다	33	from~	~로 부터
25	write	쓰다	9	umbrella	우산	34	leave	떠나다
26	name	이름	10	rainy	비오는			
27	chalk	분필	11	only	오로지		**21일차**	
28	pink	분홍색	12	leaf	나뭇잎			
29	peach	복숭아	13	leave	남기다	1	herd	떼
30	fruit	과일	14	tree	나무	2	goat	염소
31	group	무리	15	sit	앉다	3	graze	풀을 뜯다
32	frog	개구리	16	down	아래로	4	grass	풀
33	cry	울다	17	table	탁자	5	field	들판
34	pond	연못	18	have	먹다	6	don't ~	~하지마라
35	yellow	노란색	19	breakfast	아침식사	7	excited	흥분한
36	banana	바나나	20	exercise	운동하다	8	anymore	더 이상
37	really	정말로	21	everyday	매일	9	stay	머물다
38	tasty	맛있는	22	stay	머물다	10	calm	진정한
			23	healthy	건강한	11	birthday	생일

영어단어 12

영어단어와 한글의미로 공부한 후 다음처럼 말해보세요.
1. 한글의미를 가리고 영어단어를 보고 의미를 말해본다
2. 영어단어를 가리고 한글의미를 보고 영어를 말해본다

mp3 듣기

영어단어

번호	영어단어	한글의미	번호	영어단어	한글의미	번호	영어단어	한글의미
12	next	다음의	37	colorful	다채로운	19	team	팀
13	month	달	38	flower	꽃	20	lose	지다
14	show	보여주다	39	bloom	꽃이 피다	21	soccer	축구
15	another	또 다른	40	garden	정원	22	game	시합
16	sample	샘플				23	similar	비슷한
17	princess	공주		**22일차**		24	shape	모양
18	eat	먹다				25	king	왕
19	poison	독을 넣다	1	seven	7	26	queen	왕비
20	apple	사과	2	dwarf	난쟁이	27	together	함께
21	buy	사다	3	live	살다	28	castle	성
22	meat	고기	4	little	작은	29	earthquake	지진
23	vegetable	야채	5	house	집	30	strongly	심하게
24	store	가게	6	all	모든	31	shake	흔들다
25	big	큰	7	actor	배우	32	grandfather	할아버지
26	rock	바위	8	movie	영화	33	turn	돌다
27	roll	구르다	9	famous	유명한	34	this year	올해
28	down	아래로	10	lately	최근에	35	from now on	지금부터
29	mountain	산	11	busy	바쁜	36	feel	느끼다
30	variety	여러 가지	12	because of	~때문에	37	free	자유로운
31	food	음식	13	business	사업	38	ask	묻다
32	healthy	건강한	14	dream	꿈	39	question	질문
33	taste	맛보다	15	travel	여행하다			
34	freshly	새롭게	16	into ~	~안으로		**23일차**	
35	bake	굽다	17	space	우주			
36	bread	빵	18	our	우리의	1	mom	엄마

영어
단어

번호	영어단어	한글의미	번호	영어단어	한글의미	번호	영어단어	한글의미
2	wake up	깨우다	27	each other	서로	9	climate	기후
3	morning	아침	28	again	다시	10	always	항상
4	company	회사	29	later	나중에	11	warm	따뜻한
5	set up	마련하다	30	speed	속도	12	century	세기
6	new	새로운	31	very	매우	13	mean	의미하다
7	office	사무실	32	slow	느린	14	hundred	100
8	crow	까마귀	33	city	도시	15	desert	사막
9	completely	완전히	34	stadium	경기장	16	is full of	~로 가득하다
10	black	검은	35	watch	보다	17	sand	모래
11	bird	새	36	football	축구	18	call	부르다
12	singer	가수	37	baseball	야구	19	kid	아이
13	someone	어떤 사람	38	match	시합	20	whistle	호루라기
14	sing	노래하다	39	hold	행사를 하다	21	shadow	그림자
15	well	잘	40	this week	이번 주	22	tree	나무
16	check	확인하다				23	sunlight	햇빛
17	suitcase	여행가방		**24일차**		24	factory	공장
18	before ~	~전에				25	many	많은
19	leave	떠나다	1	light	불을 붙이다	26	machine	기계
20	frog	개구리	2	candle	양초	27	parents	부모님
21	jump	뛰다	3	because of	~ 때문에	28	are	~ 이다
22	over ~	~위로	4	blackout	정전	29	very	매우
23	water	물	5	set up	세우다	30	proud	자랑스러운
24	together	함께	6	plan	계획	31	sun	태양
25	promise	약속하다	7	vacation	방학	32	shine	빛나다
26	meet	만나다	8	spring	봄	33	sky	하늘

영어단어 14

영어단어와 한글의미로 공부한 후 다음처럼 말해보세요.
1. 한글의미를 가리고 영어단어를 보고 의미를 말해본다
2. 영어단어를 가리고 한글의미를 보고 영어를 말해본다

mp3 듣기

번호	영어단어	한글의미	번호	영어단어	한글의미	번호	영어단어	한글의미
			23	wallpaper	벽지	9	especially	특별히
	25일차		24	simple	간단한	10	wear	입다
			25	pattern	패턴	11	long	긴
1	use	사용하다	26	also	또한	12	skirt	치마
2	spoon	수저	27	absent	결석한	13	today	오늘
3	chopstick	젓가락	28	today	오늘	14	our	우리의
4	count	세다	29	sick	아픈	15	family	가족
5	number	숫자	30	human	인간	16	divide	나누다
6	say	말하다	31	flesh	살	17	land	땅
7	three	3	32	bone	뼈	18	equally	똑같이
8	church	교회	33	children	아이들	19	fire fighter	소방관
9	bell	종	34	play	놀다	20	rescue	구출하다
10	ring	울리다	35	their	그들의	21	child	아이
11	Sunday	일요일	36	toy	장난감	22	fire	불
12	need	필요하다				23	know	알다
13	passport	여권		**26일차**		24	real	진짜의
14	travel	여행하다				25	value	가치
15	abroad	해외로	1	people	사람들	26	service	봉사
16	snack	과자	2	ask	묻다	27	feel	느끼다
17	cost	비용이 들다	3	a lot of	많은	28	tired	피곤한
18	thousand	1,000	4	question	질문	29	night	밤
19	won	원(₩)	5	turn	돌리다	30	collect	모으다
20	really	정말로	6	door	문	31	million	백만
21	want	원하다	7	handle	손잡이	32	won	원(₩)
22	meet	만나다	8	right	오른쪽	33	year	해, 년

영어단어 15

번호	영어단어	한글의미	번호	영어단어	한글의미	번호	영어단어	한글의미
34	visit	방문하다	15	ocean	바다		**28일차**	
35	uncle	삼촌	16	completely	완전히			
36	America	미국	17	wet	젖은	1	press	누르다
37	space	우주	18	sudden	갑작스러운	2	telephone	전화기
38	big	큰	19	shower	소나기	3	number	숫자
39	broad	넓은	20	job	직업	4	usually	보통
40	than ~	~보다	21	future	미래	5	wear	입다
41	Earth	지구	22	differ	다르다	6	short	짧은
			23	those	그것들	7	pants	바지
	27일차		24	present	현재	8	summer	여름
			25	baby	아기	9	can't	할 수 없다
1	pitcher	투수	26	really	정말로	10	homework	숙제
2	catcher	포수	27	look like	~처럼 보이다	11	without ~	~없이
3	baseball	야구	28	a lot	많이	12	pencil	연필
4	meet	만나다	29	each other	서로	13	abroad	해외로
5	again	다시	30	wear	입다	14	business	사업
6	next	다음	31	raincoat	우비	15	decide	결심하다
7	time	번	32	rain	비가 오다	16	wake up	일어나다
8	touch	만지다	33	outside	밖에	17	early	일찍
9	your	너의	34	watch	보다	18	morning	아침
10	nose	코	35	living room	거실	19	new	새로운
11	dirty	더러운	36	need	필요하다	20	neighbor	이웃
12	hand	손	37	empty	비어 있는	21	look like~	~처럼 보이다
13	even	심지어	38	box	상자	22	actress	여배우
14	swim	수영하다	39	present	선물			

영어단어 16

영어단어와 한글의미로 공부한 후 다음처럼 말해보세요.
1. 한글의미를 가리고 영어단어를 보고 의미를 말해본다
2. 영어단어를 가리고 한글의미를 보고 영어를 말해본다

mp3 듣기

번호	영어단어	한글의미	번호	영어단어	한글의미	번호	영어단어	한글의미
23	boy	소년	7	neighbor	이웃	32	cheerful	활기찬
24	girl	소녀	8	hear	듣다	33	Friday	금요일
25	circle	원	9	strange	이상한	34	around	주위에
26	together	함께	10	sound	소리			
27	believe	믿다	11	bedroom	침실		**30일차**	
28	god	신	12	true	진짜의			
29	exist	존재하다	13	fact	사실	1	when~	~할 때
30	dangerous	위험한	14	prince	왕자	2	sad	슬픈
31	ignore	무시하다	15	people	사람들	3	listen to~	~를 듣다
32	traffic	교통	16	marry	결혼하다	4	fun	신나는
33	sign	신호	17	church	교회	5	music	음악
34	small	작은	18	make	만들다	6	honest	정직한
35	mouse	쥐	19	hole	구멍	7	faithful	성실한
36	enter	들어가다	20	hard	단단한	8	man	남자
37	into~	~안으로	21	rock	바위	9	fill	채우다
38	hole	구멍	22	get	얻다	10	bottle	병
			23	job	취업	11	cool	시원한
	29일차		24	information	정보	12	water	물
			25	from ~	~로 부터	13	is about to	~하려고 하다
1	build	짓다	26	answer	대답하다	14	apply for~	~에 지원하다
2	tower	탑	27	question	질문	15	sing	노래하다
3	big	큰	28	burn	타다	16	contest	대회
4	stone	돌	29	smell	냄새	17	American	미국의
5	good	좋은	30	come	오다	18	America	미국
6	time	시간	31	kitchen	주방	19	believe	믿다

영어단어 17

번호	영어단어	한글의미	번호	영어단어	한글의미	번호	영어단어	한글의미
20	heaven	천국	5	side	옆쪽	30	contest	대회
21	hell	지옥	6	dish	요리	31	yesterday	어제
22	city	도시	7	lunch	점심식사	32	speech	연설
23	build	짓다	8	too	너무	33	powerful	강력한
24	stadium	경기장	9	salty	짠	34	force	힘
25	match	시합	10	always	항상	35	put	넣다
26	rabbit	토끼	11	along	~따라서	36	coin	동전
27	turtle	거북이	12	brother	남동생	37	piggy bank	돼지 저금통
28	start	시작하다	13	push	밀다	38	everyday	매일
29	run	달리다	14	rock	돌			
30	book	책	15	all	모든		**32일차**	
31	tell	말하다	16	power	힘			
32	story	이야기	17	daughter	딸	1	all	모든
33	three	3	18	son	아들	2	wet	젖은
34	knight	기사	19	middle	중앙	3	because of	~때문에
35	woman	여자	20	school	학교	4	shower	소나기
36	look at~	~을 보다	21	student	학생	5	fox	여우
37	each other	서로	22	same	같은	6	know	알다
			23	age	나이	7	smart	영리한
			24	ride	타다	8	animal	동물
	31일차		25	their	그들의	9	homework	숙제
			26	bicycle	자전거	10	friend	친구
1	try	노력하다	27	river	강	11	cover	덮다
2	mix	섞다	28	win	이기다	12	ear	귀
3	oil	기름	29	sing	노래하다	13	noisy	시끄러운
4	water	물						

영어단어 18

영어단어와 한글의미로 공부한 후 다음처럼 말해보세요.
1. 한글의미를 가리고 영어단어를 보고 의미를 말해본다
2. 영어단어를 가리고 한글의미를 보고 영어를 말해본다

mp3 듣기

영어단어

번호	영어단어	한글의미	번호	영어단어	한글의미	번호	영어단어	한글의미
14	sound	소리				25	animal	동물
15	use	사용하다	1	elephant	코끼리	26	neck	목
16	ruler	자	2	long	긴	27	storm	폭풍
17	measure	재다	3	nose	코	28	violently	거칠게
18	length	길이	4	salty	짠	29	rock	흔들다
19	many	많은	5	food	음식	30	ship	배
20	kind	종류	6	thirsty	목마른	31	king	왕
21	fish	물고기	7	watch	보다	32	call	부르다
22	sea	바다	8	horror	공포	33	prince	왕자
23	want	원하다	9	movie	영화	34	princess	공주
24	something	무언가	10	last	지난	35	rabbit	토끼
25	hot	뜨거운	11	night	밤	36	lose	지다
26	drink	마시다	12	sprinkle	뿌리다	37	race	경주
27	friendly	친절한	13	salt	소금	38	turtle	거북이
28	poor	가난한	14	fried	기름에 튀긴			
29	people	사람들	15	egg	달걀		**34일차**	
30	four	4	16	let's ~	~하자			
31	season	계절	17	welcome	환영하다	1	know	알다
32	Korea	한국	18	new	새로운	2	what	무엇
33	will~	~할 것이다	19	member	회원	3	gesture	몸짓
34	become	되다	20	meeting	모임	4	mean	의미하다
35	pilot	조종사	21	send	보내다	5	star	별
36	someday	언젠가	22	letter	편지	6	shine	빛나다
			23	president	대통령	7	dark	어두운
	33일차		24	giraffe	기린	8	sky	하늘

영어단어 19

번호	영어단어	한글의미	번호	영어단어	한글의미	번호	영어단어	한글의미
9	witch	마녀	34	laugh	웃다	18	here	여기
10	turn	변화시키다	35	silently	조용히	19	again	다시
11	pumpkin	호박	36	stand	서다	20	tomorrow	내일
12	into ~	~로	37	left	왼쪽	21	if ~	만약 ~라면
13	carriage	마차	38	side	옆쪽	22	make	하다
14	name	이름				23	turn	돌기
15	same	같은		**35일차**		24	corner	모퉁이
16	as ~	~처럼				25	house	집
17	famous	유명한	1	always	항상	26	sunny	화창한
18	actress	여배우	2	lunch	점심	27	warm	따뜻한
19	firework	불꽃놀이	3	restaurant	식당	28	today	오늘
20	hill	언덕	4	have to~	~해야만 한다	29	eleven	11
21	give	주다	5	know	알다	30	soccer	축구
22	half	절반	6	Korean	한국의	31	player	선수
23	peach	복숭아	7	history	역사	32	gold	금
24	friend	친구	8	well	잘	33	silver	은
25	read	읽다	9	bread	빵	34	box	상자
26	report	보고서	10	main	주요한	35	mine	나의 것
27	about~	~관하여	11	food	음식	36	lay	깔다
28	space	우주	12	American	미국인	37	thin	얇은
29	baby	아기	13	voice	목소리	38	mat	매트
30	cry	울다	14	soft	부드러운	39	floor	바닥
31	their	그들의	15	listen	듣다			
32	cradle	요람	16	let's ~	~하자		**36일차**	
33	clown	어릿광대	17	meet	만나다			

영어단어 20

영어단어와 한글의미로 공부한 후 다음처럼 말해보세요.
1. 한글의미를 가리고 영어단어를 보고 의미를 말해본다
2. 영어단어를 가리고 한글의미를 보고 영어를 말해본다
mp3 듣기

번호	영어단어	한글의미	번호	영어단어	한글의미	번호	영어단어	한글의미
1	want	원하다	26	give	주다	12	bad	나쁜
2	better	더 좋은	27	single	하나의	13	memory	기억
3	score	점수	28	rose	장미	14	past	과거
4	test	시험	29	everyday	매일	15	raise	기르다
5	carpenter	목수	30	memorize	암기하다	16	cow	소
6	fix	고치다	31	English	영어	17	pig	돼지
7	broken	부서진	32	word	단어	18	chicken	닭
8	roof	지붕	33	giraffe	기린	19	home	집
9	yesterday	어제	34	long	긴	20	daughter	딸
10	motorcycle	오토바이	35	neck	목	21	job	직업
11	stop	멈추다	36	leg	다리	22	nurse	간호사
12	in front of	~의 앞에				23	temple	사원
13	red	빨간색		**37일차**		24	far	멀리
14	light	불빛				25	away	떨어진
15	never	절대 아니다	1	enter	들어가다	26	from~	~로 부터
16	lie	거짓말하다	2	school	학교	27	house	집
17	again	다시	3	same	같은	28	many	많은
18	have	먹다	4	age	나이	29	ship	배
19	crab	게	5	police officer	경찰관	30	stay	머물다
20	supper	저녁식사	6	control	통제하다	31	port	항구
21	animal	동물	7	traffic	교통	32	rain	비가 오다
22	zoo	동물원	8	light	신호등	33	while~	~하면서
23	fault	잘못	9	want	원하다	34	listen to ~	~을 듣다
24	window	창문	10	study	공부하다	35	music	음악
25	break	깨뜨리다	11	hard	열심히			

번호	영어단어	한글의미	번호	영어단어	한글의미	번호	영어단어	한글의미
		38일차	24	after~	~후에	13	too	너무
			25	leave	떠나다	14	much	많이
1	divide	나누다	26	want	원하다	15	next	다음의
2	pizza	피자	27	drink	마시다	16	match	시합
3	six	6	28	cold	차가운	17	flight	비행기
4	piece	조각	29	juice	주스	18	leave	떠나다
5	really	정말로	30	compass	나침반	19	hour	시간
6	need	필요로 하다	31	needle	바늘	20	uncle	삼촌
7	advice	조언	32	point	가리키다	21	close	가까운
8	wise	현명한	33	north	북쪽	22	relative	친척
9	old	나이 많은				23	why	왜
10	speak	말하다			**39일차**	24	like	좋아하다
11	about ~	~관하여				25	baseball	야구
12	wisdom	지혜	1	cat	고양이	26	soccer	축구
13	is good at	~을 잘하다	2	chase	쫓다	27	various	여러 가지의
14	use	사용하다	3	duck	오리	28	kind	종류
15	spoon	숟가락	4	set up	세우다	29	fish	물고기
16	chopstick	젓가락	5	tent	텐트	30	live	살다
17	follow	따르다	6	grass	잔디	31	ocean	바다
18	ant	개미	7	learn	배우다	32	doesn't	아니다
19	pass	지나가다	8	how	방법	33	know	알다
20	road	도로	9	volleyball	농구	34	difficulty	어려움
21	famous	유명한	10	last	지난	35	city	도시
22	delicious	맛있는	11	winter	겨울	36	life	생활
23	pear	배	12	worry	걱정하다	37	still	여전히

영어단어 22

영어단어와 한글의미로 공부한 후 다음처럼 말해보세요.
1. 한글의미를 가리고 영어단어를 보고 의미를 말해본다
2. 영어단어를 가리고 한글의미를 보고 영어를 말해본다

mp3 듣기

영어단어

번호	영어단어	한글의미	번호	영어단어	한글의미	번호	영어단어	한글의미
38	read	읽다	20	set	지다, 저물다	2	peace	평화
39	book	책	21	West	서쪽	3	prize	상
40	library	도서관	22	pine tree	소나무	4	this year	올해
			23	peak	꼭대기	5	smoke	연기
	40일차		24	wash	씻다	6	chimney	굴뚝
			25	your	너의	7	niece	여자 조카
1	spend	보내다	26	dirty	더러운	8	love	좋아하다
2	lonely	외로운	27	hand	손	9	old	오래 된
3	time	시간	28	before~	~전에	10	story	이야기
4	mountain	산	29	meal	식사	11	face	얼굴
5	always	항상	30	variety	여러 가지	12	round	둥근
6	act	행동하다	31	animal	동물	13	hair	머리카락
7	like ~	~처럼	32	live	살다	14	long	긴
8	baby	아기	33	zoo	동물원	15	run	달리다
9	spider	거미	34	know	알다	16	strong	튼튼한
10	eat	먹다	35	what	무엇	17	heart	심장
11	insect	곤충	36	sentence	문장	18	there are~	~이 있다
12	web	거미줄	37	mean	의미하다	19	seven	7
13	listen to~	~을 듣다	38	hobby	취미	20	chair	의자
14	real	진짜의	39	collect	모으다	21	around ~	~주위에
15	story	이야기	40	coin	동전	22	table	탁자
16	surprised	놀란				23	amusement	즐거움
17	sun	해		**41일차**		24	park	공원
18	rise	떠오르다				25	kid	아이
19	East	동쪽	1	receive	받다	26	crab	게

영어단어 23

번호	영어단어	한글의미	번호	영어단어	한글의미	번호	영어단어	한글의미
27	two	2	12	museum	박물관			
28	big	큰	13	look around	둘러보다	1	uncle	삼촌
29	front	앞쪽의	14	only	오로지	2	quiet	조용한
30	leg	다리	15	three	3	3	gentle	온화한
31	natural	자연스러운	16	people	사람들	4	sharp	날카로운
32	feel	느끼다	17	birthday	생일	5	knife	칼
33	sleepy	졸린	18	explain	설명하다	6	dangerous	위험한
34	night	밤	19	difficult	어려운	7	children	아이들
35	give	주다	20	problem	문제	8	family	가족
36	good	좋은	21	easily	쉽게	9	sometimes	때때로
37	chance	기회	22	brave	용감한	10	meal	식사
			23	policeman	경찰관	11	speed	속도
	42일차		24	catch	잡다	12	keep	계속하다
			25	thief	도둑	13	increase	증가하다
1	young	어린	26	try	노력하다	14	so	너무나
2	foolish	어리석은	27	catch up	따라잡다	15	dark	어두운
3	back	과거의	28	plant	심다	16	cloudy	구름 낀
4	then	그 때	29	red	빨간	17	yesterday	어제
5	checkup	검사	30	rose	장미	18	afternoon	오후
6	very	매우	31	fence	울타리	19	gentleman	신사
7	ill	아픈	32	collect	수집하다	20	hat	모자
8	is good at	~을 잘하다	33	foreign	외국의	21	cane	지팡이
9	swim	수영하다	34	doll	인형	22	stay	머물다
10	pool	수영장				23	during ~	~동안
11	often	자주		**43일차**		24	long	긴

156

영어단어 24

영어단어와 한글의미로 공부한 후 다음처럼 말해보세요.
1. 한글의미를 가리고 영어단어를 보고 의미를 말해본다
2. 영어단어를 가리고 한글의미를 보고 영어를 말해본다

mp3 듣기

번호	영어단어	한글의미	번호	영어단어	한글의미	번호	영어단어	한글의미
25	vacation	휴가	12	hand	손	37	milk	우유
26	parents	부모님	13	difference	차이	38	carton	한 갑
27	excited	흥분한	14	between ~	~사이에			
28	first	첫 번째	15	pencil	연필		**45일차**	
29	step	걸음걸이	16	price	가격			
30	dad	아빠	17	every	모든	1	cool	시원한
31	fire fighter	소방관	18	country	나라	2	breeze	바람
32	train	기차	19	land	땅	3	blow	불다
33	leave	떠나다	20	people	사람들	4	fan	선풍기
34	morning	아침	21	help	돕다	5	lots of	많은
35	next	다음의	22	sick	아픈	6	fun	재밌는
			23	man	남자	7	event	행사
	44일차		24	cross	건너다	8	weekend	주말
			25	street	거리	9	listen	듣다
1	bed	침대	26	thing	물건	10	music	음악
2	and	그리고	27	here	여기	11	concert	연주회
3	chair	의자	28	yours	너의 것	12	don't ~	~하지마라
4	room	방	29	match	경기	13	talk	말하다
5	ant	개미	30	important	중요한	14	about ~	~관하여
6	follow	따라가다	31	chance	기회	15	accident	사고
7	queen	여왕	32	delete	삭제하다	16	anymore	더 이상
8	girl	소녀	33	name	이름	17	lose	잃어버리다
9	hold	잡다	34	list	목록	18	our	우리의
10	yellow	노란	35	check	확인하다	19	way	길
11	balloon	풍선	36	date	날짜	20	strange	낯선

영어단어 25

번호	영어단어	한글의미	번호	영어단어	한글의미	번호	영어단어	한글의미
21	woods	숲	3	underground	지하의	28	people	사람들
22	bounce	튀기다	4	hope	희망하다	29	gather	모이다
23	ball	공	5	succeed	성공하다	30	room	방
24	playground	운동장	6	experiment	실험	31	theater	영화관
25	young	젊은	7	store	가게	32	library	도서관
26	save	구하다	8	famous	유명한	33	near	가까운
27	boy	소년	9	quick	빠른	34	house	집
28	river	강	10	delivery	배달			
29	dad	아빠	11	turkey	칠면조			
30	sometimes	때때로	12	main	주요한		**47일차**	
31	watch	보다	13	dish	요리			
32	nine	9	14	thanks	감사합니다	1	painting	그림
33	~ o'clock	~시	15	late	늦은	2	sculpture	조각품
34	news	뉴스	16	miss	놓치다	3	wonderful	훌륭한
35	allow	허락하다	17	bus	버스	4	box	상자
36	use	사용하다	18	understand	이해하다	5	so	너무나
37	what	무엇	19	mean	의미하다	6	heavy	무거운
38	day	요일	20	sir	님	7	child	아이
39	today	오늘	21	umbrella	우산	8	lift	들어올리다
40	Tuesday	화요일	22	protect	보호하다	9	lady	숙녀
			23	rain	비	10	cross	건너다
	46일차		24	already	벌써	11	street	거리
			25	leave	떠나다	12	by herself	그녀 혼자
1	subway	지하철	26	company	회사	13	glad	기쁜
2	train	기차	27	group	무리	14	again	다시
						15	nature	자연

영어단어 26

번호	영어단어	한글의미	번호	영어단어	한글의미	번호	영어단어	한글의미
16	magazine	잡지				25	look	보다
17	scientist	과학자	1	disturb	방해하다	26	way	길
18	intention	의도	2	sleep	잠자다	27	before~	~전에
19	lie	거짓말하다	3	lion	사자	28	cross	건너다
20	judge	판사	4	both	둘 다	29	street	거리
21	let's ~	~하자	5	leg	다리	30	baseball	야구
22	shake	흔들다	6	arm	팔	31	match	시합
23	hand	손	7	completely	완전히	32	stadium	경기장
24	say	말하다	8	wet	젖은	33	lip	입술
25	good bye	작별인사	9	serve	봉사하다	34	purple	보라색
26	guide	안내하다	10	two	2	35	because of	~때문에
27	dog	개	11	army	군대	36	cold	추위
28	help	돕다	12	uncle	삼촌			
29	blind	안 보이는	13	aunt	고모		**49일차**	
30	people	사람들	14	awesome	멋진			
31	sit	앉다	15	couple	부부	1	please	제발
32	front	앞쪽	16	bubble	거품	2	let	하도록 하다
33	seat	좌석	17	soap	비누	3	use	사용하다
34	classroom	교실	18	many	많은	4	your	너의
35	like	좋아하다	19	soldier	군인	5	listen to~	~을 듣다
36	meat	고기	20	die	죽다	6	English	영어
37	more than~	~보다 더	21	war	전쟁	7	broadcasting	방송
38	vegetable	야채	22	very	매우	8	everyday	매일
			23	late	늦은	9	book	책
	48일차		24	appointment	약속	10	shelf	선반

영어단어 27

번호	영어단어	한글의미	번호	영어단어	한글의미	번호	영어단어	한글의미
11	fall	떨어지다	36	blackboard	칠판	19	too	너무
12	floor	바닥	37	hang	매달다	20	bad	나쁜
13	second	두 번째	38	clothes	옷	21	baseball	야구
14	semester	학기	39	closet	옷장	22	listen	듣다
15	start	시작하다				23	well	잘
16	August	8월		**50일차**		24	other	다른
17	Korea	한국				25	people	사람들
18	gentleman	신사	1	nurse	간호사	26	opinion	의견
19	keep	지키다	2	look after	돌보다	27	travel	여행하다
20	manner	예절	3	sick	아픈	28	around	주위에
21	lady	숙녀	4	history	역사	29	world	세계
22	put	놓다	5	homework	숙제	30	by myself	나 혼자
23	couple	한쌍의	6	shirt	셔츠	31	raise	들어 올리다
24	rose	장미	7	floor	바닥	32	your	너의
25	vase	꽃병	8	make	만들다	33	hand	손
26	grandmother	할머니	9	wood	목재	34	if~	만약~라면
27	tell	말하다	10	cost	비용	35	question	질문
28	traditional	전통의	11	living	생활			
29	fairy	두 번째	12	high	높은			
30	tale	이야기	13	than~	~보다			
31	bunch	송이	14	wait for~	~를 기다리다			
32	strawberry	딸기	15	sister	여동생			
33	teacher	선생님	16	airport	공항			
34	write	쓰다	17	weather	날씨			
35	English	영어	18	today	오늘			